DAXUE
MEIYU

大学美育

融媒体版

主　　编：吕一中
副主编：杨玉茗　杨会兰　李建英
参　　编：段卫红　贺万荣　何　奇　王振波
　　　　　李建强　管　波　杨　静　赵季若
　　　　　张　璇　李　哲　陈　晨　黄添水

北京师范大学出版集团
BEIJING NORMAL UNIVERSITY PUBLISHING GROUP
北京师范大学出版社

图书在版编目（CIP）数据

大学美育／吕一中主编．—北京：北京师范大学出版社，
2022.6

ISBN 978-7-303-27728-5

Ⅰ．①大…　Ⅱ．①吕…　Ⅲ．①美育－高等学校－教材
Ⅳ．①G40-014

中国版本图书馆 CIP 数据核字（2022）第 007128 号

教材意见反馈：gaozhifk@bnupg.com　010-58805079
营销中心电话：010-58802755　58800035

DAXUE MEIYU

出版发行：北京师范大学出版社 www.bnupg.com
　　　　　北京市西城区新街口外大街 12-3 号
　　　　　邮政编码：100088
印　　刷：鸿博睿特（天津）印刷科技有限公司
经　　销：全国新华书店
开　　本：889 mm×1194 mm　1/16
印　　张：9.75
字　　数：218 千字
版　　次：2022 年 6 月第 1 版
印　　次：2022 年 6 月第 1 次印刷
定　　价：38.80 元

策划编辑：王云英　　　　　　　　　责任编辑：梁宏宇
美术编辑：焦　丽　　　　　　　　　装帧设计：焦　丽
责任校对：陈　荟　　　　　　　　　责任印制：陈　涛

前　言

党的十八大以来，习近平总书记高度重视学校的美育工作，从培养担当民族复兴大任时代新人的战略高度，多次对美育工作作出重要批示。中共中央办公厅、国务院办公厅、教育部多次印发关于加强和改进高等学校美育工作的文件，对新时代高校美育工作提出明确要求，也使高校美育工作有据可循、有规可依。

2019年4月，教育部印发了《关于切实加强新时代高等学校美育工作的意见》，提出要"规范公共艺术课程，加强公共艺术课程教材建设"。2019年6月，教育部印发了《关于职业院校专业人才培养方案制订与实施工作的指导意见》，提出要"严格按照国家有关规定开齐开足公共基础课程"。其中，艺术课程被要求列入中等职业学校公共基础必修课程，美育课程被列入高等职业学校必修课或限定选修课。2020年10月，中共中央办公厅、国务院办公厅印发了《关于全面加强和改进新时代学校美育工作的意见》，强调弘扬中华美育精神，以美育人、以美化人、以美培元，将学校美育作为立德树人的重要载体，纳入各级各类学校人才培养全过程。文件提出了两个目标："到2022年，学校美育取得突破性进展，美育课程全面开齐开足，教育教学改革成效显著，资源配置不断优化，评价体系逐步健全，管理机制更加完善，育人成效显著增强，学生审美和人文素养明显提升。到2035年，基本形成全覆盖、多样化、高质量的具有中国特色的现代化学校美育体系。"

教材是核心。美育教材建设直接关系到美育的质量和效果，是开展美育工作的重要环节。为此，我们组织编写了这本《大学美育》。它既可作为高等职业教育公共基础课教材，也可作为其他类型学校教师和学生的美育参考用书。

在编写过程中，我们在认真学习相关文件的基础上，结合高等职业教育的特点，确定了以下编写思路。

思想性：坚持以立德树人为根本，以社会主义核心价值观为引领，以提高学生审美和人文素养为目标。力图通过"感悟美""走进美""欣赏美""体验美"的环节设置丰富学生的审美感受，提高学生的审美趣味，活跃学生的审美思维，增强学生的审美能力，达到以美育人、以美化人、以美培元的目的。

实践性：职业教育要强化艺术实践，培养具有审美修养的高素质技术技能人才，引导学生完善人格修养，增强文化创新意识。学校美育课程以艺术实践课程为主体，主要有书法、绘画、音乐、舞蹈、戏剧、戏曲、影视等。

　　民族性：扎根中国，融通中外，凸显中华美育精神，宣扬中华优秀传统文化，塑造学生美好心灵，增强文化自信。

　　职业性：以艺术美为主体，兼顾社会美、科技美，突出职业院校学生的工匠精神和匠心之美。

　　立体性：融微课、视频、音频、课件于一体，打造新形态一体化教材。

　　美育的范畴很广，但学时有限，不可能面面俱到。经过反复讨论以及征求专家意见，我们确定了本书目前的框架结构。全书分为两大部分，即"打开美的大门"和"探寻美的奥秘"。第一部分介绍美和美育的基本理论，第二部分具体探究与工作、学习、生活密切相关且人人都能感受到的丰富多彩的美。

　　参加本书编写的作者都是高职院校从事美育工作的一线教师。他们既有丰富的理论知识，又有大量的教学实践，共同组成了优秀的教材编写团队。具体分工如下：框架结构、内容统筹由北京青年政治学院吕一中教授负责，美的本质、美的种类、美的规律、美育概述、美育的功能、美育的实施由国家开放大学杨玉茗老师编写，心灵之美、语言之美、仪态之美由黔南民族幼儿师范高等专科学校杨会兰老师编写，服饰之美由岭南师范学院段卫红老师编写，饮食之美由黔南民族幼儿师范高等专科学校贺万荣老师编写，居所之美由北京财贸职业学院何奇老师编写，诗歌之美、小说之美、散文之美由北京青年政治学院李建英老师编写，书法之美由北京青年政治学院王振波老师编写，绘画之美由武汉软件工程职业学院李建强老师编写，摄影之美由北京青年政治学院管波老师编写，建筑之美由北京工业职业技术学院杨静老师编写，音乐之美由河南艺术职业技术学院赵季若老师编写，舞蹈之美由北京航空航天大学张璇老师编写，戏剧之美由北京青年政治学院李哲老师编写，戏曲之美由北京戏曲艺术职业技术学院陈晨老师编写，影视之美由北京青年政治学院黄添水老师编写。全书由吕一中教授担任主编，杨玉茗、杨会兰、李建英老师担任副主编，北京师范大学周星教授担任主审。

　　本书在成书过程中得到了相关院校领导的支持。北京师范大学出版社王云英编辑在教材选题、方案策划、框架确定、作者遴选等方面做了大量的工作，给予了大力支持。我们在此表示衷心的感谢。

　　由于时间紧、任务重，加之编者水平有限，本书难免有不足之处，敬请读者批评指正。

吕一中

2021.7.1

目录
CONTENTS

DAXUE

MEIYU

■ 第一部分

打开美的大门

■ PART 1

第一课　美 是 什 么

📎 **感悟美**

在生活中，我们经常使用"美"这个字。例如，姹紫嫣红的花海是美的，救死扶伤的白衣天使是美的，巧夺天工的工艺品是美的，旋律动人的音乐是美的，影视作品中壮阔恢宏的场面是美的……那么，什么是美呢？接下来我们就带大家了解和认识美。

📷 **走近美**

第一节　美的本质

关于美，有两种不同的理解和表达。一种是根据一般语义，从现象上说什么是美，即通常人们所理解的美。比如，当人们说"这幅画真美"时，通常是指画作的构图、颜色等很好，让人感到喜欢。当人们说美景、美人、美谈时，"美"是修饰语，意思是让人喜欢的、让人感觉开心的。美可以用在多种语境中，其核心意思基本相同，那就是当事物能够唤起人们的审美情感时，人们就说这个事物是美的。

另一种是哲学意义上的美。美的哲学语义与美的日常语义既有关联又有差别。从哲学意义上讲，"美"不只是指美的现象，更是指美的本质。古往今来，人们持续探讨着美的本质，产生过不少有影响的学说。概括地讲，主要可以归纳为三种观点。

一、唯心主义观点

唯心主义可以分为客观唯心主义和主观唯心主义，认为美的根源在于人的精神。

客观唯心主义把美视为客观精神的产物，代表人物有古希腊的柏拉图。在柏拉图看来，美的本质是"美的理式"。理式是客观世界的根源，现实中一切事物的美的根源都在于美的理式。理式世界先于客观世界而存在，美的理式先于美的事物而存在。理式世界的美是永恒的，无始无终，不生不灭，不增不减，而现实事物的美是美的理式的影子，时生时灭，变幻无常。

主观唯心主义认为，美完全是人的主观精神的产物，源于人的主观判断。从本质上讲，美是一种能够引起快感的主观趣味判断或鉴赏判断。持主观唯心主义观点的代表人物是德国哲学家康德。他认为，美完全基于主体内部的活动，人们不能走出主观来把握客观世界的美。

二、唯物主义观点

唯物主义观点认为，美的本源在于物质。从本质上讲，美是某种物质属性和物质所具有的某种规律。持唯物主义观点的代表人物是古希腊的亚里士多德。他认为，美的规律是一种自然律，就如同数学、物理和化学特性。他强调，美在客观事物本身，受到客观事物的体量、比例、秩序等的影响。文艺复兴时期的著名画家达·芬奇也认同这一观点，认为美是客观事物的特有性质，画家就是要真实再现客观事物的美。达·芬奇本人也像研究数学一样研究人体比例，认为"美感完全建立在各部分之间神圣的比例关系上"[①]。

三、实践论观点

实践论观点认为，美的根源在于社会实践，美是自由创造的生动体现。这是在经历了 20 世纪 50 年代美学大讨论之后，受马克思主义哲学指导而形成的占据主导地位的美学观点。

马克思主义哲学的理论核心是辩证唯物主义。从世界观来讲，它认为世界是由物质和精神组成的，其中物质是第一性的，精神是第二性的[②]；从认识论来讲，它主张用辩证的方法分析和认识问题；从历史观来讲，它认为人的实践活动是推动历史发展的动力，指出是实践创造了人，创造了人类历史。人的实践活动有两个特性，其一是自由创造，其二是社会性。人能够通过自由创造改造自然。改造自然是一种有目的、有意识的活动，是在一定社会关系下进行的。人生的意义和快乐源于实践。离开了实践，生活就是空的。马克思主义哲学认为，历史是连续不断的劳动和创造。比如，城市面貌的变化离不开人类世世代代的实践活动。我们今天看到的美丽的北京，是在人们数千年的劳动和创造中形成的，并且会在人们的劳动和创造中变得更美。

人的实践是物质与精神的统一，不能单纯从物质或从精神出发回答有关美的本质的问题。美的本质是自由创造。自由创造是什么意思呢？简单地说，自由创造指人在认识和掌握客观事物必然性、规律性的基础上进行的有目的的社会实践活动。自由创造，不是随便、任意地做什么，而是基于认识到的客观必然性、规律性，能动地改造世界，以实现相应的目的。正如恩格斯所说："自由不在于幻想中摆脱自然规律而独立，而在于认

---

① ［意］列奥纳多·达·芬奇：《芬奇论绘画》，戴勉编译，134 页，北京，人民美术出版社，1980。

② 郝文武：《教育哲学》，100 页，北京，人民教育出版社，2006。

识这些规律，从而能够有计划地使自然规律为一定的目的服务。"[1]

为什么自由创造会产生美？人作为自由创造的主体，从事生产劳动，是自由自觉的，是有目的、有意识的。劳动结束时的成果，在劳动开始时就已经在人们的观念中有所体现。比如，研制航天设备，修建医院，或制作某种新产品，首先都要有设计蓝图。在设计阶段，虽然它们还没有成为现实，但对它们的规模和建成后的样子，人们大体上是有预想的。人有目的、有意识的创造活动，在生产劳动对象上表现出来，成为对人的力量、智慧和才能的肯定。人经过创造，把自然物变成自己想要的样子，变成符合人们物质生活和精神生活需要的产品。比如，城市公园在形态上被打上了人的印记，表现出人类改造自然的力量、智慧和才能。丰富多彩的人造物让人们看到自身的力量、智慧和才能，感受着自由创造带来的喜悦。除了物质产品，美好的生活方式同样是人类自由创造的结果。从广义来说，一种新的生活方式也是一种"产品"，同样会像镜子那样反射出自由创造的灿烂光辉。这就是为什么蕴含着自由创造特性的事物会具有美感，会被认为是美的事物。[2]

人类在社会实践的一切领域中创造着美。正如高尔基所说："照天性来说，人都是艺术家，他无论在什么地方，总是希望把'美'带到他的生活中去。"[3]人们在自由创造或在看到自身自由创造的成果时，也会看到自身的力量，会为自身感到自豪，从而产生喜悦的心情，感受到美感。因此，我们说美是自由创造的生动体现，美的本质是自由创造。

第二节　美的种类

美表现为各种事物的美，普遍存在于各个领域，包括自然领域、社会生活领域、艺术领域、科学技术领域等。美主要包括自然美、社会美、艺术美和科技美。

一、自然美

（一）自然美的含义

自然美指各种自然事物与自然现象呈现出的美。大自然既是我们的生存环境，也是我们的审美对象。自然界中的美千姿百态，丰富多样。冉冉升起的朝阳，皎洁澄明的月亮，璀璨耀眼的星河，千变万化的云朵，连绵起伏的山峰，缓缓流淌的溪流，都能给人以审美享受。

---

[1] 《马克思恩格斯选集》第 3 卷，491 页，北京，人民出版社，2012。
[2] 郭青春：《审美入门》，28~30 页，北京，国家开放大学出版社，2021。
[3] 《高尔基政论杂文集》，孟昌选译，384 页，北京，生活·读书·新知三联书店，1982。

需要说明的是，没有人类，自然事物也就无所谓美与不美，因为其美丑是由人类判断赋予的。在人类出现之前，虽然日出、奇峰等自然景物早已存在，但并不存在自然界的美与不美。在人类有了美感判断后，日出、奇峰才开始成为审美对象，并逐渐出现在诗作和画作之中。

（二）自然美的特征

自然美（图 1-2-1）具有以下几个主要特征。

图 1-2-1　自然美

第一，自然事物本身具有的自然属性是自然美的前提。自然美以其自然属性唤起人们的美的感受。这些自然属性包括自然事物发生、发展、运动的规律和人类能感知的色彩、质感、造型、声音、气味、温度等。没有这些自然属性，也就没有自然美。比如，月亮的阴晴圆缺，花朵的盛开凋谢，都和它们的自然属性有关。

第二，自然美侧重于形式。一般来说，美的事物总是体现出内容与形式的统一，但不同的美侧重面有所不同。自然美更侧重形式，其内容在多数情况下是比较模糊的。比如，我们很难明确地说出一棵树、一座山蕴含的内容和意义，但是其外在形式却能给人以清晰、鲜明的感官印象。

第三，自然美具有联想性。自然景物让人产生美感，往往与人们由此产生的联想有关。比如，中国传统文化以梅、兰、竹、菊等为美，因为人们会由这些自然事物的自然属性联想到人的高尚品德。再如，作家茅盾在《白杨礼赞》中热情赞美了西北黄土高原上的白杨树。这些白杨树之所以能够激发作者心中的美感，是因为作者通过白杨树展开了丰富的联想。作者赞美白杨树的参天耸立、紧密团结，实际上也是在赞美他所联想到的百折不挠、力求上进、团结一致的军民。

第四，自然美具有变易性。变易性是指自然美变动不居。人们观赏自然景物的角度是可以变化的，许多自然景物的形态也不是固定的，这就产生了自然美的变易性。比如，苏轼在《题西林壁》中写道："横看成岭侧成峰，远近高低各不同。"这两句诗的意思是从正面、侧面、远处、近处、高处、低处看庐山，庐山会呈现出不同的样子。再如，范仲淹的《岳阳楼记》生动地描述了洞庭湖景色的变化：在霪雨时节"阴风怒号，浊浪排空"，春和景明时"一碧万顷，沙鸥翔集，锦鳞游泳"，入夜时"长烟一空，皓月千里，浮光跃金，静影沉璧"。

读与思

茅盾，本名沈德鸿，浙江桐乡人。中国著名作家，代表作有小说《子夜》《春蚕》《虹》《三人行》等。

《白杨礼赞》创作于 1941 年。其时，茅盾在延安参观讲学，体察了解放区军民的生活，看到了抗日军民团结战斗的精神风貌。茅盾借西北黄土高原上的白杨树来表达对抗日军民的赞美之情。

二、社会美

（一）社会美的含义

社会美是社会事物、社会现象、社会生活的美。社会美经常是积极肯定的。比如，意志坚定、不畏艰险的红军战士，爱岗敬业、无私奉献的劳动模范，奋战在抗疫一线的医护人员和志愿者，互帮互助、团结友爱的邻里等，这些都是社会美的体现。

社会领域的美主要包括人自身的美和社会生活中的美。社会是由人构成的，人的美是社会美的核心。人自身的美包括外在美和内在美。外在美是通过直观的外在形象体现出来的美，如仪态之美、服饰之美。内在美指从内心世界显现出的美，是人的思想觉悟、道德情操、文化修养、品质性格等内在素质的具体体现，如心灵之美、语言表达之美。社会生活中的美主要包括居所之美、饮食之美。

（二）社会美的特征

社会美具有以下几个主要特征。

第一，社会美侧重于内容。与自然美相比，社会美偏重内容。社会领域的美表现出对社会有用、有益、有利的特征，能推动社会历史的发展，促进人类实践及人与人关系的进步，具有鲜明的功利性。[①]

第二，社会美具有稳定性。认识社会美，主要是通过社会事物本身感受其固有的社会意义，而不是通过对某一社会事物的想象去联想其社会意义。社会事物本身所具有的社会意义是明确的、稳定的，不像自然事物那样朦胧。比如，我们一直以劳动为美，劳动的社会意义在于人类通过劳动展现了自身的能力，创造了赖以生存和发展的生活资料，增强了创造力。这个意义是明确的、稳定的。

第三，社会美同一定的政治理想、道德观念相联系。政治立场、道德观念等影响着人们对社会事物的审美判断。[②]鲁迅在《"硬译"与"文学的阶级性"》中说："贾府上的焦大，也不爱林妹妹的。"贾宝玉则认为林黛玉是天上掉下来的仙女。作为贾府老仆的焦大，他和贾宝玉对于女性美丑的判断标准是存在差异的。焦大在判断时会把健康的体魄、豁达的性格置于前面，而林黛玉的细腻情感是焦大不易领会的；对于贾宝玉来说，身体孱弱、多愁善感的黛玉，她的一颦一笑、一喜一怒、一言一行自己都能心领神会。

三、艺术美

（一）艺术美的含义

艺术美是指艺术作品的美。艺术活动是人类生活的重要组成部分。艺术伴随人类而

---

① 顾永芝：《美学原理》，94 页，南京，东南大学出版社，2008。

② 彭吉象、郭青春：《美学教程（第二版）》，67 页，北京，中央广播电视大学出版社，2008。

生，在原始社会，人类就开始进行艺术创作和欣赏活动了。随着社会的不断发展，人类的艺术活动越来越丰富，艺术实践领域也越来越宽广。从古至今，人们在音乐、舞蹈、绘画、文学、书法、建筑、摄影、戏剧、戏曲、影视等领域不断地创造美、展现美、欣赏美。艺术史上涌现的经典艺术作品都凝聚着艺术美。

　　艺术美是美的典型存在形态，它源于生活又高于生活。

　　为什么说艺术美源于生活呢？艺术美与生活紧密相关。现实生活是艺术创造的前提。艺术家的创作素材源于现实生活，艺术作品是艺术家在现实生活的基础上进行艺术创造的产物。同时，现实生活也孕育了艺术家的创作激情。没有社会实践，艺术家就无从培养对生活的感情。由生活所激发的感情是艺术家进行想象的动力。生活是想象的土壤，而没有想象就没有艺术创造。[①] 唐代画家张璪有一句名言："外师造化，中得心源。"造化是指大自然，心源是指作者内心的感悟。这句话说明艺术创作的灵感离不开对自然的师法。

　　为什么说艺术美高于生活呢？这是因为艺术美虽然来自现实生活，却不等同于现实生活。从现实生活体验到艺术作品诞生必然要经历创作主体的创造过程。艺术家把思想和智慧凝聚在艺术作品之中。艺术作品是艺术家创造性劳动的产物，是现实美的创造性再现。从这个意义上讲，艺术美是高于生活的。人们在赞叹艺术作品的时候，也是在赞叹艺术家的智慧和才能。比如，徐悲鸿笔下的马不同于现实生活中的马，不仅再现了客体美，同时表现出艺术家的主体美。作为艺术形象的马凝聚着画家的创造性劳动，体现出画家独特的审美意识和审美情感。

（二）艺术美的特征

艺术美具有以下几个主要特征。

第一，艺术美具有形象性。艺术美的形象性是指艺术作品必须具有具体、生动、有一定欣赏价值的艺术形象。形象性是任何艺术门类都不可缺少的，是艺术美的基本特征。不同的艺术门类所塑造的形象有不同的特点，书法、绘画、摄影、建筑、舞蹈等艺术门类塑造视觉形象，音乐艺术塑造听觉形象，戏剧、戏曲、影视艺术塑造综合形象，文学艺术塑造需要凭借想象来感受的文学形象。比如，古典名著《西游记》塑造了美猴王孙悟空的形象。孙悟空活泼谐谑又正气凛然，他保护唐僧西天取经，一路降妖除魔，不畏艰难困苦，历经九九八十一难，最终取得真经。孙悟空的形象深入人心，代表了积极乐观、勇敢无畏、不怕困难、敢于斗争的精神。

第二，艺术美具有主体性。艺术美的主体性不仅体现在艺术家的艺术创作上，而且

---

① 杨辛、甘霖、刘荣凯：《美学原理纲要》，23~29 页，北京，北京大学出版社，1989。

体现在欣赏者的艺术欣赏中。一方面，艺术创作具有主体性。艺术创作是一种创造性劳动。面对浩瀚的素材，艺术家必须进行选择、提炼、加工、改造，并且将自己的审美理想、情感愿望等主观因素融入艺术作品。所以，艺术作品必然有着艺术家作为创作主体的烙印。面对同一题材，不同的创作者会创作出不同的作品。比如，朱自清与俞平伯同游秦淮河后，皆以"桨声灯影里的秦淮河"为题作文。这两篇文章各有所长，都成为中国现代散文的名篇。两位作家在同一时间欣赏同一景物，却因为审美感受不同，而创作出有着不同艺术特色的作品。另一方面，艺术欣赏具有主体性。人们对美的判断和感受既有普遍性，又有差异性。读者、观众、听众对艺术作品的鉴赏，是通过艺术作品展开的积极主动的审美活动。欣赏者人生阅历、审美趣味和艺术修养的不同，使得他们对同一艺术作品的审美感受形成差异，此即"仁者见仁，智者见智"。可见，艺术欣赏也被打上了欣赏主体的烙印。

第三，艺术美具有审美性。艺术作品作为艺术家创造性劳动的产物，比现实生活中的美更加集中，更加典型，能够更加充分地满足人的审美需求。我们前面讲到，美一般体现在形式与内容两方面，自然美侧重于形式，社会美侧重于内容。艺术美既注重形式，也不脱离内容。艺术的审美性是内容美和形式美的有机统一。艺术作品要有具备欣赏价值的艺术形象，同时不能脱离内容美，因为艺术的形式美正在于它鲜明生动地体现出创作者想表达的内容。比如，雕刻家钱绍武的《李大钊纪念像》拉宽、加厚人物双肩，很好地突出了无产阶级革命家李大钊"铁肩担道义"的革命精神。

四、科技美

科技美指科学技术蕴含的美。科技美广泛存在于数学、物理、化学、生物、天文等领域，存在于科学发现和发明创造的过程之中。美是科学创造的巨大动力，科技美对科学技术的发展起着积极的推动作用。[1]

许多科学家都在科学实践活动中感受、体验、发现了科学美。物理学家杨振宁指出："科学中存在着美，所有的科学家都有这种感受。"[2] 居里夫人说："科学的探索研究，其本身就含有至美。"[3] 不少科学家认为爱因斯坦的相对论是物理学中最美的理论，玻恩就称赞它"像一个被人远远观赏的艺术作品"[4]。玻尔兹曼曾经把麦克斯韦关于气体动力学的论文当作神奇壮美的交响乐来欣赏。

科学家对科学美的阐述是切实体验后的真情流露。在日常生活中，人们感受到的科

---

[1] 张燕梅、王国武、于敦厚、董文：《美育》，172 页，大连，大连理工大学出版社，1993。
[2] 转引自杨建邺：《杨振宁传（增订版）》，253 页，北京，生活·读书·新知三联书店，2016。
[3] 转引自姚诗煌：《科学与美》，53 页，沈阳，辽宁科学技术出版社，1984。
[4] 转引自郁士宽：《现代应用美学基础》，165 页，上海，同济大学出版社，2010。

技美大多源于科学设施和科学产品。比如，实验室中的高精尖设备，天文台上精密的观测仪器，火箭发射场气势宏大的动力装置，大规模的潮汐、风力、太阳能发电装置等。人们在观赏这些实验设备、观测仪器、发射装置时，会情不自禁地产生类似欣赏绘画、雕塑等艺术作品时所体验到的愉悦感。[①] 科学技术正在迅猛发展，以其崭新的风采显示出独特的审美价值，为人类的审美认识活动创造了新的天地。

美普遍存在于各个领域，审美修养越高，生活阅历越多，对美的感悟能力、鉴赏能力和创造能力就会越强。随着社会的进步，美在生活中的渗透更加普遍。我们身边到处都有美，但要想更多地发现美、感悟美、体验美，就需要不断学习审美知识，增加生活阅历，丰富审美体验，提高审美能力。

第三节　美的规律

形式对美具有重要的意义，是构成美的形象的必要条件。人们对美的感受往往是直接由形式引起的。在长期的审美活动中，人们反复地接触美的形式，使这些形式具有了相对独立的审美意义。这导致人们一接触这些形式便能产生美感，仿佛美就在形式本身。[②] 形式美，简单来说就是客观事物外观形式上的美。从众多美的事物中，将色彩、线条、形体、声音等形式因素概括出来，所形成的共性规律被称作形式美的规律或形式美的法则。

人在长期的审美实践中发展了形式感，从大量美的事物中概括出许多美的形式的共同特征，并自觉运用形式规律创造美的事物，如齐一、对称、对比。旧石器时代，人类在制作石器的过程中就已发展出对于对称的审美感觉。到了新石器时代，器皿的造型既规整又多样，人的形式感也愈来愈丰富。比如，在彩陶纹饰上，人们已经能自觉运用一些形式美的规律。后来，随着社会的进一步发展，形式美愈加凸显。

形式美的规律主要包括单纯、齐一、对称、均衡、调和、对比、比例、节奏、韵律、和谐。

一、单纯与齐一

单纯与齐一是最简单基础的形式美规律。

单纯是指只用一种形式因素构成形式美。这种形式美规律的作用是放大、突出单一形式美因素的美感，往往让人觉得简单、纯净、明洁、庄重。比如，皑皑白雪就是通过

---

① 谭荣、易前伟、吕超荣：《大学生审美与艺术修养》，91 页，重庆，重庆大学出版社，2016。
② 杨辛：《师道师说：杨辛卷》，84 页，北京，东方出版社，2017。

单纯的白色让我们感到一种宁静平和的美。紫禁城的红色外墙突出庄重、典雅之美。再如，有人喜欢纯色的物品，穿衣服、购买饰品都倾向于选择单一颜色的。在比较正式的场合，人们倾向于穿单一颜色的正装，以突出简约、庄重的美感。这都是形式美的单纯规律的体现。

齐一是指以特定的形式因素组成一个按照一定规律重复的单元，产生一种整齐一律的美。齐一规律构成的形式美能够使人产生有秩序、有条理的美感，让人精神振奋。比如，间距等同的树木、团队广播操表演、盛大的阅兵式，都体现出整齐一律的美感。

二、对称与均衡

对称是指两个相同的形式因素以另一形式因素为中界，呈现前后或上下等同的样子。对称美在生物形体结构中普遍存在。比如，人体的五官是对称的，很多植物的花瓣是对称的，蝴蝶的翅膀是对称的。对称所呈现的美感是稳定的、平静的。对称的事物不仅外观美，而且实用性强，所以形式美的对称规律应用得非常广泛，大如汽车、房屋、飞机、街道，小如筷子、口罩、风扇。

均衡是指两个不同的形式因素以另一形式因素为中界，呈现前后或上下均衡的样子。均衡与对称有所不同，可以说是对称的变体。均衡更加灵活，常给人一种静中有动的美感。比如，天安门广场一侧是国家博物馆，另一侧是人民大会堂。它们建筑风格相似但又并不相同，矗立在天安门两侧，带给人对称中又有变化的均衡感。均衡规律也常常应用在造型艺术中。比如，画家不仅会考虑布局的均衡，而且会利用题跋、印章等创造均衡感。

三、调和与对比

调和指把近似的东西呈现在一起，使人在微小变化中看到统一。调和给人以融合、协调之美。比如，色彩中的红与橙、橙与黄、黄与绿、绿与蓝、蓝与青、青与紫、紫与红容易产生调和美。宋代杨万里的"接天莲叶无穷碧，映日荷花别样红"，上半句展现了蓝色天空与绿色莲叶的调和之美，下半句展现了红色太阳与粉色荷花的调和之美。同一颜色中的层次变化（如深浅、浓淡）也属于调和。杜甫写"桃花一簇开无主，可爱深红爱浅红"，就表现出深红色与浅红色的调和。在公园里，由颜色相近的花组成的花海随处可见（图1-3-1）。成套的床品也常选择同一色系但略有差异的颜色进行搭配，在房间中营造出协调的气氛。

图 1-3-1 花的调和美

对比指把极不相同的东西组合在一起，使人产生鲜明、醒目、振奋、活跃的感受。比如，色彩中的黑与白、红与绿、黄与紫、橙与蓝是对比色，光线的明与暗、线条的粗与细、声音的强与弱、体积的大与小、位置的高与低等也形成了对比。王安石的"浓绿万枝红一点，动人春色不须多"是绿色与红色的对比；苏轼的"黑云翻墨未遮山，白雨跳珠乱入船"是黑色与白色的对比。这些诗句运用颜色对比加强了色彩效果。

四、比　例

在数学中，比例是数量之间的对比关系，通常指一个总体中各部分的数量与总体数量的比重，用于反映总体的构成。作为形式美之规律的比例，一般是指事物整体与局部、局部与局部之间长短、大小、高低的关系。人们觉得常规的比例关系其实是在长期的社会实践中形成的心理积淀。事物合乎常规比例就显得正常，显得美；违背常规比例就显得不协调，显得不美。我们平常所说的"匀称"就包含一定的比例关系。

经过长期的探索，人们发现了一些特定比例的美，并把它们固化、传承下来，形成了形式美中的比例定律。比如，人们在形容好看的面部比例时常用"三庭五眼"。"三庭"是指把脸的长度三等分，即从前额发际线至眉骨，从眉骨至鼻底，从鼻底至下颏，各占脸长的三分之一。"五眼"是指以眼形长度为单位，把脸的宽度五等分，即从左侧发际至右侧发际宽五个眼形。

黄金分割也是应用广泛的比例定律。把一个整体分为两部分，使短段与长段之比恰好等于长段与整段之比，这个比例即为黄金比例，也被称为黄金分割。0.618 是黄金分割比值的近似值。符合黄金分割的事物能够引起人们美的感受，蕴含着丰富的美学价值。

黄金分割被运用到许多领域，如绘画、雕塑、摄影等。不少工艺美术作品和日用品的长宽设计会采用黄金分割，建筑物中某些线段的比例也常符合黄金分割。

五、节奏与韵律

节奏是指把运动中的变化有规律地组合起来，并加以反复。节奏广泛地存在于大自然之中，如花开花谢、日升日落、月圆月缺、潮起潮落、寒来暑往等，这些都体现出大自然的节奏美。人的饮食起居、呼吸运动也充满节奏。在艺术领域，尤其是在音乐艺术、舞蹈艺术中，节奏体现得更加充分。《黄河大合唱》《爱我中华》等歌曲具有鲜明的节奏感，让人感到精神振奋。生活中，我们也经常从节奏角度评价音乐和舞蹈。例如，"这首钢琴曲节奏很舒缓"，"很多现代舞的节奏感很强"。

韵律是指在节奏的基础上附加其他起衬托作用的形式因素，在节奏感之外增加一种韵味和情调。例如，浪潮的节奏是海浪拍岸的往复，其韵律是随着海浪拍岸的节奏掀起浪花和波澜。我国古典诗词中的韵律体现为平仄格式和押韵规则。在音乐中，韵律体现为旋律。不少歌曲节奏相似，区别主要在于旋律。

六、和　谐

和谐规律也被称作多样统一规律，是指多种形式因素按照既富于变化又具有规律的结构进行组合。和谐寓变化于统一，在形式美规律中比较高级。

和谐规律实际上囊括了单纯、齐一、对称、均衡、调和、对比、比例、节奏、韵律等形式美规律。世界由万事万物组成，万事万物又各不相同，形有大小、高低、曲直之分，质有刚柔、强弱、轻重之别。这些千差万别的事物共生共处，形成了丰富多彩的和谐美。意大利哲学家布鲁诺认为，宇宙的美就在于它的多样统一。"这个物质世界如果是由完全相像的部分构成的就不可能是美的了。因为美表现于各种不同部分的结合中，美就在于整体的多样性。"[1]

研究探索形式美的规律，能够培养人们对形式美的敏感性，指导人们更好地运用形式美规律去创造美的事物。

欣赏美

九寨沟位于四川阿坝藏族羌族自治州，是世界自然遗产、国家重点风景名胜区、国家级自然保护区。

九寨沟是长江水系嘉陵江上游白水江源头的一条大支沟，主沟长 30 多公里。九寨沟

[1] 转引自周忠厚：《美学教程》，181 页，济南，齐鲁书社，1988。

图 1-0-1　九寨沟

之所以叫"九寨沟"，是因为这里原有九个藏族寨子。九寨沟景色优美，动植物资源丰富，具有极高的生态保护、科学研究和美学旅游价值。

九寨沟山水相依，水树交融，动静有致。景区中的高山湖泊群、瀑布、彩林、雪峰、蓝冰和藏族风情并称"九寨沟六绝"。九寨沟的湖水常年碧蓝澄澈，而且会随着光照变化、季节推移呈现不同的色调与水韵。湖泊之间由瀑布连接，瀑布从密林里急泻而出，雄浑壮丽。在阳光的照射下，瀑布旁常常出现彩虹，让人流连忘返。九寨沟有上千种植物，随着季节的变化呈现出奇丽风貌。郁郁葱葱的森林沐浴在朦胧迷离的雾霭中，神秘莫测；林中奇花异草色彩绚丽，充满原始气息。九寨沟雪峰白雪皑皑，与天相接，很容易使人产生浩渺幽远的世外之感。九寨沟的蓝冰是凭借陡峭的岩壁挂起的巨大的天然冰雕，蓝如碧空，由浅而深，奇异多姿。九寨沟处于牧区向农区过渡的地带。这里的藏族群众一方面保持着自身的文化传统，如独特的建筑风格、服饰风格、节日盛典等；另一方面和周围各民族和睦相处，彼此影响。勤劳、勇敢、智慧、质朴的藏族群众繁衍生息在这块富饶而又神奇的土地上，创造了辉煌、璀璨的文化，为中华民族文化宝库增添了奇光异彩。

九寨沟因其独有的自然美景被誉为"人间仙境""童话世界"，号称"水景之王"。九寨沟还是以钙化湖泊、滩流、瀑布、岩溶水系统和森林生态系统为主要保护对象的国家地质公园，具有极高的科研价值。

九寨沟美景的形成与九寨沟的地理条件密切相关。九寨沟地势南高北低，山谷深切，高低悬殊。北部海拔约 2000 米，南部海拔在 4000 米以上，峰顶常年积雪。九寨沟处于青藏高原向四川盆地过渡的地带，地质背景复杂。这造就了它多种多样的地貌。

学与悟
九寨沟是如何体现自然美特征的？

体验美

请同学们自选一个自然美、社会美、艺术美或科技美的案例进行欣赏，多方面感受其魅力。

第二课　美育是什么

感悟美

你有没有看不懂某幅绘画作品、听不懂交响乐、不知道如何欣赏某些影视作品的困惑？审美教育可以帮助我们掌握审美基本知识，培养高雅的审美情趣，提升审美鉴赏能力和对美的创造能力。

走近美

第一节　美育概述

一、美育的内涵

（一）美育的概念

美育是审美教育的简称。审美教育是指培养人认识美、欣赏美和创造美的能力的教育。美育是审美与教育的融合，美育活动既是一种教育活动，又是一种审美活动。

美育在培养全面发展的人这一方面，具有不可替代的重要作用。美育通过陶冶情操，美化心灵，使人进入更高的精神境界，成为具有高尚情趣的人。这既是一个人获得全面发展的保证，也是一个社会实现全面进步的基础。所以，美育是培养人的全面发展的教育体系不可缺少的组成部分。

作为教育的组成部分，美育和德育既有共通之处又有明确区别。二者的共通之处在于：德育和美育都作用于人的精神，引导人追求人生的意义和价值，树立正确的人生观。二者的区别在于：德育的主要目的是培养良好的道德意识和行为规范，主要作用于人的意识和理性；美育的主要目的是培养人认识美、欣赏美、创造美的能力，主要作用于人的感知和情感。德育有助于引导人们向善，使社会形成良好的社会秩序和风尚；美育有助于引导人们追求生活审美化和健康人格，促进社会和谐。

（二）美育的历史发展

古代虽尚未提出美育的概念和体系，但是美育的思想和实践早已存在。

我国西周时期的贵族教育以礼、乐、射、御、书、数"六艺"作为基本内容。其中"乐"属于艺术教育，是美育的雏形。春秋时期，孔子大力倡导美育，重视"诗教"和"乐教"。孔子提出，对人的教化兴于诗，立于礼，成于乐。战国末期的荀子认为人性本恶，只有经过后天的教育才能将恶改为善，从而使社会实现和谐安宁。荀子也十分重视审美教育，认为"性不能自美"，需要通过诗书礼乐来改善人性。在春秋战国之后漫长的封建社会里，许多思想家、教育家、美学家都发表了关于美育的看法。

在西方美学史上，古希腊哲学家最先认识到审美教育的重要性。柏拉图非常重视音乐的美育作用，认为音乐具有最强的深入人心的力量。亚里士多德认为，美育的目的与作用应当包括教育、净化心灵和精神享受这三个方面。古罗马时期的诗人贺拉斯在《诗艺》里将文艺的娱乐作用与教育作用统一起来，明确提出了"寓教于乐"，对美育的发展产生了重要影响。中世纪，占据统治地位的宗教束缚了人们的心灵。文艺复兴时期，艺术创作与审美教育都得到了较大的发展。启蒙运动时期，思想家们非常重视美育，认为美育是教育的重要内容。

美育理论体系的建立始于近代，"美育"这个概念是由德国美学家席勒提出的。1795年，席勒的《美育书简》出版。因为第一次在美学史上提出了比较系统和全面的美育概念和理论体系，阐述了美育的必要性和重要意义，这本书也被后人称为"第一部美育的宣言书"。

在中国，清末学者王国维（图2-1-1）第一次明确提出了"美育"的概念，对美育的地位和作用进行了全面的分析，阐述了美育的特点和价值，也指出了美育与德育、智育、体育的联系和区别。中国近代美育思想的集大成者是蔡元培（图2-1-2）。蔡元培在担任南京临时政府教育总长和北京大学校长期间，大力倡导美育，将美育纳入教育方针，提出了实施美育的三种途径（家庭美育、学校美育和社会美育），并提出了许多具体措施。蔡元培认为，纯粹的美育能陶冶感情，使人养成高尚纯洁的习惯。他还积极进行美育实践，开设美学课程，普及美学知识，倡导成立国立北京美术学校。在蔡元培的大力推进下，中国近现代美育思想获得了进一步的发展。此外，梁启超、鲁迅等学者也大力提倡美育。

众多思想家、美学家、艺术家不断丰富着美育思想和理论，美育研究和美育实践得到了积极发展。

图 2-1-1　王国维

图 2-1-2　蔡元培

二、美育的特点

美育主要具有以下几个特点。

（一）形象性

美育一般从观赏美的形象开始，并且始终离不开美的形象。美育通过具体可感的形象，使受教育者亲闻其声，亲见其形，在审美愉悦中获得教育。形象性是美育的首要特点，也使得美育与其他教育形式区别开来。德育、智育多以抽象的、概念的形式，凭借文字和符号，依靠概念、判断、推理的方式来传授知识。

形象性使美育具有易于被接受的优点。美育通过生动的形式调动人们的审美兴趣，激发人们的审美情感，满足人们的审美愿望，使人们获得审美享受。与智育相比，美育受到的限制较少，更容易被受教育者理解。

在自然领域，自然景物以千姿百态的自然美形象让人们感受到自然的力量。比如，人们能通过欣赏气势磅礴的泰山、如诗如画的西湖、一望无际的呼伦贝尔草原等自然美形象，感受大自然的魅力，生发出对祖国大好山河的热爱之情。

在社会领域，无论是精神美还是性格美，它们都要以具体的形象感染人、教育人。感动中国人物、劳动模范、先进工作者等榜样人物的事迹，能够让人们受到感染和触动。

在艺术领域，所有艺术作品都离不开形象性。比如，鲁迅在《祝福》中塑造了祥林嫂这一经典的悲剧人物形象。祥林嫂勤劳善良，但经历坎坷。在旧社会，她无法争得作为人应有的起码的权利，反而被践踏、迫害、鄙视，并最终被封建礼教和封建迷信吞噬。再如，电视剧《觉醒年代》塑造了多个鲜活、感人的革命者形象，观众能够通过观赏这部作品感受革命先驱的人格美，从而受到熏陶和教育。

在科技领域，我们可以通过观看具体的科学设施和科学产品感受到科技美，如精密的实验仪器、巨型运载火箭等。

（二）娱乐性

审美活动不仅可以满足人们精神上的审美需要，使身心得到休息，而且可以让人们从中受到启迪。人们可以从对美的感受、认识、理解中得到快乐，在娱乐中接受教育。美育之所以特别容易被接受，一个重要原因是美育具有娱乐性。在欣赏美的过程中，人们能获得感官的愉悦。人们走进电影院是为了娱乐，却会在陶醉其中的同时不知不觉地受到教育，获得极大的满足和快乐。这种由娱乐性带来的精神享受和巨大愉悦，有时甚至会超过物质享受。例如，"子在齐闻《韶》，三月不知肉味"[①]。这句话是说孔子在齐国听了《韶》之后，回味了三个月，其乐之美甚至让孔子都不想吃肉了。再如，观看京剧《霸王别姬》，我们能够在获得视觉和听觉享受的同时，了解项羽与虞姬的历史故事，加深对人与人之间情感的认识。

美育之娱乐与一般意义上的娱乐不同，它既不是低级媚俗的，也并非为娱乐而娱乐，而是一种超越生理快感和物质享受的审美享受，是一种高层次的精神性娱乐。

---

① 北京大学哲学系美学教研室：《中国美学史资料选编》上册，16 页，北京，中华书局，1980。

（三）自由性

美育一般是以自觉自愿的方式进行的。人们总是怀着浓厚的兴趣，自由自觉地从事审美活动，接受审美教育，从而使情感受到熏陶，使心灵得到净化。

一般来讲，智育、德育等或多或少会采用灌输的方式。美育则多以自由的方式进行。正因为具有自由性，所以美育常常是在不知不觉中完成的。例如，人们在欣赏"感时花溅泪，恨别鸟惊心""夜阑卧听风吹雨，铁马冰河入梦来"的文学美时，在欣赏电影《永不消逝的电波》《林则徐》或电视剧《亮剑》《跨过鸭绿江》的影像美时，都在潜移默化地接受着爱国主义教育。

美育的自由性首先体现在人在审美时既摆脱了对个人利益的功利性追求，也超越了现实社会功利性法则的羁绊，内心是自由的、和谐的。

美育的自由性其次体现在人的审美行为是自由的。人们走进话剧院或音乐厅，流连于美术馆或博物馆，纵情游览名山大川，在家听音乐、弹奏乐器，这些都是出自内心的愿望而不是外力的强制。

美育的自由性最后体现在美育具有非强制性和自主性，个体对审美对象的美感认识是不能被强制灌输的。如果一个人觉得某一艺术作品不符合自己的审美，那么无论他人如何阐述这一作品有多美，他都很难从心理上和情感上理解与认同。

（四）普遍性

美育的普遍性是由美的普遍性决定的。美无时不在、无处不在，美育也就无时不可进行、无处不可进行。

随着科学技术的发展和人民物质文化生活水平的提高，美和美育在人类生活中的地位也越来越重要。美育不仅出现在校园中，而且已进入现实生活的各个领域，具有生活化的发展态势。可以说，美育涉及当今人类生活的方方面面。

从纵的方面来考察，美育的普遍性存在于人类文明社会的各个阶段，也贯穿于人的一生。中国从先秦时期开始，西方从古希腊时期开始，美育传统从未中断，历朝历代都在自觉或不自觉地进行着美育，这体现出美育的社会历史普遍性。从个人来看，在一个人的生命形成之初，审美教育就已经开始。从幼儿园、小学、中学到大学，美育始终不间断地进行着。工作以后，我们依然常常面对艺术和审美。人至老年，美育会继续进行。

从横的方面来考察，美育的普遍性存在于人类社会与日常生活的方方面面。美育存在于自然风光中，存在于社会环境中，存在于艺术作品中。蔡元培曾颇有感触地指出："名山大川，人人得而游览；夕阳明月，人人得以赏玩；公园的造像，美术馆的图画，人人得而畅观。齐宣王称'独乐乐，不若与人乐乐''与少乐乐，不若与众乐乐'，陶渊明称'奇文共欣赏'，这都是美的普遍性的证明。"[1]

---

[1] 《蔡元培美学文选》，221 页，北京，北京大学出版社，1983。

第二节 美育的功能

美育是培根铸魂的教育。美育的目的是促使受教育者确立正确的审美观，具备一定的审美能力，获得全面和谐的发展。美育的成果应当是塑造出思想向上、人格健康、全面发展、能为社会创造价值的人。美育的功能主要体现在以下方面。

一、培养正确的审美观

美育首先要帮助受教育者养成良好的、高雅的审美趣味，树立正确的审美观。所谓审美观，是指人们在社会实践活动中，特别是在审美实践活动中形成的关于美、美感、美的创造等问题的基本观点，是从审美角度对客观事物进行判断和评价的审美观念的系统化。审美观是世界观、人生观的重要组成部分。它是在审美实践和审美创造中形成的，反过来又制约和指导着人们的审美实践和审美创造。

审美观主要涵盖审美理想、审美趣味、审美标准等。审美趣味，也称审美情趣，是指人们对具有审美价值的事物所表现出的富有情感与个性倾向的主观情趣。审美趣味是在一定时期的文化结构、教育背景和生活方式中形成、发展起来的，存在于人的生活实践、审美实践中，以主观倾向的形式体现人的审美选择和审美评价。审美趣味会受到审美主体的价值观、伦理观、教育背景、文艺素养的影响。美育要培养人们健康的、高雅的、纯正的趣味，引导人们走向审美的人生，使人们的人生境界得到升华。[①]

二、培养审美鉴赏能力

审美鉴赏能力不是天生的，而是在长期的审美教育和审美感受中培养与提高的，是长期实践的结果。

通过审美教育，熟悉和掌握审美的基本知识与艺术的基本规律，熟悉和掌握各个艺术门类的审美特征和艺术语言，可以帮助人们更好地理解审美对象。例如，绘画艺术的语言主要有线条、色彩、形体，音乐艺术的语言主要有旋律、和声、节奏，影视艺术的语言主要有画面、声音、蒙太奇。审美鉴赏能力的提高必须建立在对美的感受、理解、想象的基础上。"会看戏的看门道，不会看戏的看热闹。"要深入理解和领会艺术作品的意蕴，必须具有相应的艺术素养与鉴赏能力。例如，我们在欣赏范仲淹的"四面边声连角起，千嶂里，长烟落日孤城闭"时，需要充分调动感受力、理解力和想象力，在脑海中描绘出一幅图景：黄昏时分，边塞的风声、马啸声、羌笛声和着号角声从四面八方响起。群山起伏，夕阳西下，青烟升腾，孤零零的城门紧紧关闭着。这幅图景能帮助我们领会作者想要传达的悲凉的意境。美育就是要通过培养敏锐的审美感受能力、深刻的审美理解能力和丰富的审美想象能力，达到培养审美鉴赏能力的目的。

---

① 叶朗：《美学原理》，412 页，北京，北京大学出版社，2009。

另外，鉴赏经典的、优秀的艺术作品也能够帮助我们提高审美能力。多听音乐能培养耳朵的乐感，多看绘画能训练眼睛的形式感，多阅读文学作品能提升文学素养。

三、培养审美创造能力

人类认识世界的目的在于改造世界。正是创造力使人类自身不断完善，社会也不断向前发展。人们感受美和鉴赏美的目的是表现美和创造美。所谓审美创造能力，就是指人在审美实践的基础上按照美的规律创造美的事物的能力。审美创造能力是人类所特有的一种高级能力。

审美创造能力的发展首先离不开丰富的实践。艺术家的创作常常以自身的实践为基础。以《红楼梦》的作者曹雪芹为例。曹雪芹出生在江宁，祖父曹寅任江宁织造，兼任两淮巡盐监察御史。康熙皇帝南巡，四次住在曹家。曹雪芹早年过着锦衣纨绔、富贵风流的生活。后来，曹家被抄，曹雪芹随家人迁回北京老宅，又移居北京西郊，靠卖字画和朋友救济为生。生活中的重大转折磨炼了曹雪芹的心性。他深感世态炎凉，对封建社会有了更清醒、更深刻的认识。曹雪芹爱好广泛，学识渊博，对诗书、金石、绘画、园林、中医、织补、工艺、饮食等均有研究。他基于自己的经历和思考，以坚韧不拔的毅力，历经艰辛，终于创作出极具思想性、艺术性的伟大作品《红楼梦》。

审美创造能力的培养也离不开对熟练掌握审美创造的技巧。我们常说"熟能生巧"，比如，要想成为富有创造力的画家，必须不停地练习线条、色彩、明暗、形体、结构、透视、构图等基本功，夯实绘画功底。

审美创造能力的提高更离不开创造性思维的训练。优秀的艺术家会不断运用创造性思维进行艺术实践。比如，齐白石擅长画虾，最初追求形似；70岁时，他笔下的虾颇显神韵，形神兼备；80岁以后，他画的虾形神毕肖，仿佛不是现于纸上而是游在水中（图2-2-1）。齐白石曾在作品上自题道："余之画虾已经数变，初只略似，一变毕真，再变色分深淡，此三变也。"[①]

图 2-2-1　齐白石《虾》

四、促进全面和谐发展

美育贯穿人的一生，在日积月累中具有稳固性和延续性。人们通过美育所获得的思想、观点最终会成为人生观、世界观的重要组成部分。

在生命的孕育阶段，胎教美育就能够影响胎儿的身心健康和发育成长了。比如，优美的音乐有助于胎儿怡情悦性。在婴儿阶段和幼儿园阶段，家长和幼儿园老师通过各种方式开展审美教育，让孩子们在快乐的学习和游戏中接触美、感悟美。各级各类学校也

---

① 王朝闻等：《齐白石研究》，力群编，138 页，上海，上海人民美术出版社，1959。

都会开设美育课程，旨在为学生的校园生活增添色彩和活力，丰富学生的情感体验，增强学生的审美意识。社会教育中也有各类艺术培训。

告别校园后，人们在职业生涯里会将大量的精力投入工作之中，很可能会忽视美育。但是这个阶段是人生中非常重要的阶段，更应该自觉地加强美育，让自己在创造业绩、增长才干的同时，在承受工作、生活压力的同时，享有审美的空间，保持良好的精神状态。在工作和生活中追求美，能够避免片面追求功利，有助于我们更好地把握工作、生活的节奏，营造更和谐的工作环境和生活氛围，从而创造更加美好的人生。自觉美育还包括在工作之余培养审美鉴赏、审美创造的爱好。例如，假日游览自然美景，下班后看电影、话剧，周末看艺术展，假期参加诗会、书法笔会等。这些活动有助于放松身心、熏陶情感、提高审美能力和创造美的能力。

退休以后，人们也应积极参加美育活动和审美创造活动，丰富生活内容，保持积极乐观的心态。很多老人都在老有所为、发挥余热的同时，进行书法、文学、绘画或摄影创作，或在老年大学学习各种艺术课程，或参加合唱团、舞蹈队，或经常旅行，在不断欣赏美、体验美、创造美的过程中继续提升自我。

培养健康人格是美育的一项重要任务。美育贯穿人生的各个阶段，一直在促进人的全面和谐发展，美育的质量影响着人生各个阶段的质量。从这个意义上讲，美育是实实在在的终身教育。

第三节　美育的实施

实施美育的途径是多种多样的。根据环境，美育可以分为家庭美育、学校美育和社会美育。根据内容，美育可以分为自然美育、社会美育、艺术美育和科技美育。

一、根据环境进行区分

（一）家庭美育

家庭是社会的细胞，社会是由家庭组成的。家庭是一个人人生的起点，美育也是从家庭开始的。

胎儿也是可以接受美育的。音乐胎教就是对胎儿进行美育的重要形式。关于音乐胎教的意义，英国有学者做过专门的研究。他们发现，孕妇如果常为胎儿唱歌，在孩子出生后再给他唱这些歌，孩子会有很激动的表现。这表明胎儿是有记忆力的，对熟悉的音乐有很好的反应能力，而这种能力可以通过音乐胎教得到强化和提高。[①] 婴幼儿时期的美育也十分重要，研究结果表明，受家庭美育影响最大的是学龄前儿童。许多著名人物都

---

① 王玉萍：《40 周同步胎教专家方案》，24~25 页，北京，中国妇女出版社，2016。

表示，早期家庭美育对他们有着巨大影响。例如，老舍在《我的母亲》中说："从私塾到小学，到中学，我经历过起码有二十位教师吧，其中有给我很大影响的，也有毫无影响的，但是我的真正的教师，把性格传给我的，是我的母亲。母亲并不识字，她给我的是生命的教育。"老舍爱花，爱清洁，爱整齐，守秩序，这些都是从母亲那里学来的。可见，家庭美育可以在孩子心中深深扎根，直接影响孩子的一生。

家庭美育效果的好坏主要取决于审美教育方式是否得当，家长是否有良好的审美素养、能否以身作则。家庭美育的实施途径和方式有许多种，大致可以分为家庭环境美育、家庭游戏美育、家庭艺术美育。

家庭环境美育主要包括家庭布置与装饰的审美化和家庭日常生活氛围的审美化。家庭整体的设计、物品的摆设、环境的布置等，应该体现出美观、舒适、整洁、温馨，具有审美的情趣与氛围。同时，家庭成员的待人接物、言谈举止、穿衣打扮、生活习惯等，也应该体现出审美情趣。家庭的物质环境和人文环境会对儿童成长产生重大影响。所以，营造优美和谐的家庭日常生活环境是家庭美育的首要任务。

家庭游戏美育指通过各种家庭游戏活动开展美育。喜欢游戏是人的天性，儿童尤其如此。德国美学家谷鲁斯认为，在轻松愉快的游戏活动中，儿童其实是在不知不觉地为将来的生活做准备或做练习。游戏适合儿童的特点，有利于儿童身心的健康发展，是家庭美育的重要途径。

家庭艺术美育是指通过各种艺术欣赏活动或艺术学习活动，培养儿童对艺术的兴趣爱好和基本能力。例如，讲述故事，练习画画，唱歌跳舞，弹奏乐器。可以让儿童从小就参与艺术实践活动，如观看动画片、参观美术馆等。这样能使儿童受到美的熏陶，引导儿童培养兴趣爱好。

（二）学校美育

学校教育是个体从家庭进入社会的重要中间环节，与家庭领域和社会领域相比，学校领域的美育时间更有保证，知识传授更加系统，条件更加优越，因而效果更加明显。

国家要求各级各类学校都要把美育列入教学计划，作为学校教育的重要内容。

2002 年，教育部印发的《学校艺术教育工作规程》明确规定："艺术教育是学校实施美育的重要途径和内容，是素质教育的有机组成部分。"要通过美育和艺术教育，"使学生了解我国优秀的民族艺术文化传统和外国的优秀艺术成果，提高文化艺术素养，增强爱国主义精神；培养感受美、表现美、鉴赏美、创造美的能力，树立正确的审美观念，抵制不良文化的影响；陶冶情操，发展个性，启迪智慧，激发创新意识和创造能力，促进学生全面发展"。

2019 年，教育部印发《关于切实加强新时代高等学校美育工作的意见》，对新时代高校美育工作提出明确要求。文件强调："学校美育是培根铸魂的工作，提高学生的审美和人文素养，全面加强和改进美育是高等教育当前和今后一个时期的重要任务。"文件指出："高校要根据不同专业人才培养特点和专业能力素质要求，结合自身优势和跨学科特点，针对学生美育的实际需要，积极探索构建以审美和人文素养培养为核心、以创新能力培育为重点、以中华优秀传统文化传承发展和艺术经典教育为主要内容的公共艺术课程体系。"

2020 年，教育部印发《关于全面加强和改进新时代学校美育工作的意见》，指出要"以习近平新时代中国特色社会主义思想为指导，全面贯彻党的教育方针，坚持社会主义办学方向，以立德树人为根本，以社会主义核心价值观为引领，以提高学生审美和人文素养为目标，弘扬中华美育精神，以美育人、以美化人、以美培元，把美育纳入各级各类学校人才培养全过程，贯穿学校教育各学段，培养德智体美劳全面发展的社会主义建设者和接班人"，强调"开齐开足上好美育课。严格落实学校美育课程开设刚性要求，不断拓宽课程领域，逐步增加课时，丰富课程内容"。

学校美育的主要途径和方式，包括课堂教学美育、课外活动美育、校园环境美育。

课堂教学美育应当是学校美育的核心。学校美育在课堂教学中主要包括两个方面：一方面是艺术类课程的教学，如中小学的音乐、美术、书法、手工和艺术欣赏课程等，以及高等院校开设的各种审美、艺术类公共选修课或通识课；另一方面是在非艺术类课程中融入审美教育，如语文、历史、地理等课程教学融入自然美、社会美、文学美等因素；数学、科学、物理、化学、生物等课程教学融入形式美、科学美、技术美等因素。正如蔡元培所说："凡是学校所有的课程，都没有与美育无关的。例如数学，仿佛是枯燥不过的了；但是美术上的比例、节奏，全是数的关系……几何的形式，是图案术所应用的。理化学似乎机械性了；但是声学与音乐，光学与色彩，密切的很。雄强的美，全是力的表示……磁电的吸距，就是人的爱憎。有许多美术工艺，是用电力制成的。化学实验，常见美丽的光焰。"[1] 再如，在地理课上，教师讲解各地的风景名胜，学生既学习了地理知识，又能够陶冶情感，激发对祖国大好河山的热爱之情。

课外活动美育形式多样，丰富多彩，深受学生喜爱。课外活动是课堂教学的补充，是校园文化生活的重要组成部分，也是实施学校美育的重要形式。学校可以定期举行文化节、艺术节，以及各类艺术专题讲座，邀请艺术家或艺术团体到学校演出，也可以组织合唱团、舞蹈团、交响乐团、民乐团、戏剧社、文学社、书画社等学生团体，鼓励学生根据各自的兴趣自由参加，丰富学生的课外生活。

校园环境美育也是学校美育的重要方面。蔡元培认为："每一个学校的建筑式、陈列品，都要合乎美育的条件。"[2] 校园建筑要有艺术性，校园环境要美化、绿化。学校可以根据自身条件修建美术馆、音乐厅等场馆设施，或者点缀假山、凉亭、池塘等景观，营

---

① 《蔡元培教育论著选》，415 页，北京，人民教育出版社，2017。
② 《蔡元培教育论著选》，415 页，北京，人民教育出版社，2017。

造优美的环境。例如，北京大学的未名湖、厦门大学的芙蓉湖等，使校园变得格外美丽。学生们在优美的校园环境中会受到潜移默化的审美教育。

（三）社会美育

人在社会中生存，也就无时无刻不在接受社会领域的审美教育。社会美育主要是指借助社会上的各种美育设施和环境所开展的美育。社会美育范围广阔，贯穿人的一生，广泛地影响着一个人的审美观。

广泛开展社会美育活动，对于提高全民文化修养和审美素质具有重要作用。随着社会的发展，人们的物质生活水平不断提高，对精神文化生活也提出了越来越高的要求。社会美育的重要性越发凸显。

社会美育以社会的全体成员为美育对象。美育是全社会的事业，要推进美育事业的发展就必须依靠社会各方的共同努力。社会美育主要包括社会设施美育、社会环境美育、社会生活美育。

社会设施美育是指经由一些专门的美育设施和机构进行美育，如文化宫、博物馆、美术馆、话剧院、音乐厅、电影院、展览馆、科技馆等。作为社会美育的重要阵地，这些场馆采取多种多样的形式，通过群众性的文化娱乐活动，尽力使社会成员接受美的熏陶。

社会环境美育主要指通过城乡整体规划、景观设计、生态保护等进行美育。城市中既要有优美的自然景观，如北京的香山公园、南京的月牙湖公园等，也要有富于特色的人文景观，如洛阳的龙门石窟、曲阜的孔庙等。这些自然景观和人文景观可以成为一座城市的标志和象征，吸引游客前来参观。再如，云南元阳的梯田、江西婺源的油菜花田等自然生态，也发挥着一定的美育作用。

社会生活美育主要是指人们在日常的工作、生活中接受审美教育。能够体现无私奉献、爱岗敬业、尊老爱幼、乐于助人等美好品质的人们的日常生活，也有着积极的社会美育作用。模范人物的事迹会打动和影响社会成员，从而改善和提升社会风气。

二、根据内容进行区分

（一）自然美育

自然美育是指对各类自然景物、自然现象之美的教育。自然美对陶冶情操、净化心灵、体验人生、激发情感具有不可替代的作用。教育者可以通过展示自然美景图片、播放地理风光纪录片等进行自然美育，更重要的是，要鼓励受教育者亲身感受、欣赏自然中的美并积极为其创造条件。

自然美育是十分有益于身心健康的美育途径，大自然可以说是生动的课堂。比如，在欣赏"岁寒三友"松、竹、梅时，可以从其自然属性联想到人的品德，探寻高洁的精神世界：松，经冬不凋，身姿挺拔；竹，筛风弄月，潇洒一生；梅，剪雪裁冰，一身傲骨。又如，孔子仰头看山，低头看水，生出"知者乐水，仁者乐山；知者动，仁者静；知者乐，仁者寿"的人生感悟；王羲之与友人兰亭雅集，感叹"仰观宇宙之大，俯察品类之盛，所以游目骋怀，足以极视听之娱，信可乐也"，挥毫写出"天下第一行书"《兰亭集序》。

自然美育有着自己独特的功能。

第一，陶冶情感，净化心灵。如今，生活节奏加快的人们在享受物质文明的同时，精神上却常常感到孤独、压抑、烦躁，有时会非常渴望回归大自然。人们希望在自然中感受生命的美好，体验生活的诗意，在对自然美的欣赏中修身养性，净化心灵。

第二，激发求知欲。大自然变化万千，蕴藏着无穷的奥秘，人们常常由此受到启迪，进而探索自然的奥秘。例如，明代徐霞客喜欢山水，热衷于游览名川大山，"达人所之未达，探人所之未知"。徐霞客的游历并不是单纯为了寻奇访胜，更重要的是为了探索大自然的奥秘，寻找大自然的规律。他对所到之处的地理风貌做了非常详细的描绘，用数十年时间撰成60余万字的地理名著《徐霞客游记》，为我国乃至世界地理科学作出了巨大的贡献。

第三，激发热爱生活、热爱祖国的情感。人们对祖国的山河总是怀有一种深厚的情感，特别是许多风景区常常与特定的历史文化、人文景观联系紧密，亦成为爱国主义教育的课堂。长江、黄河、泰山等自然美景已经和我们的爱国情怀融合在了一起。比如，《我的中国心》中就有歌词"长江，长城，黄山，黄河，在我心中重千斤"。

（二）社会美育

这里的社会美育指的是对社会事物、社会现象、社会生活之美的教育。社会美在我们的工作、学习、生活中广泛存在。从穿衣打扮到家居装饰，从上学上班到走亲访友，从餐厅吃饭到商店购物，从读书阅报到看电视和上网等，到处都有社会美的存在，人们也无时无处不受到社会美的熏陶。

社会美育的功能主要体现在以下方面。

第一，陶养思想情感。古往今来，许多英雄、模范的美德都值得我们学习。例如，杜甫"安得广厦千万间，大庇天下寒士俱欢颜"的博大胸怀，文天祥"人生自古谁无死，留取丹心照汗青"的英勇气概。再如，钟南山义无反顾赶赴疫情第一线的奉献精神，张桂梅扎根云南贫困山区、照亮学生追梦人生的高尚情怀。这类楷模和事迹无疑有助于人们陶养高尚的道德情操。

第二，促进人际关系的和谐。语言表达之美是社会美的重要方面。人与人之间的友好交流离不开语言美。"良言一句三冬暖，恶语伤人六月寒。"良善的言语能让听者即使在严寒中也倍感温暖，刻薄的言语会伤害他人的感情和自尊心，即使在夏天也会让人觉得寒冷。语言是传达信息的媒介、表达感情的载体，良好的语言沟通能起到事半功倍的效果。在交往中，称谓得体、口吻真诚、态度谦逊很容易产生美感，从而促进人际关系的和谐。

第三，改善社会生活环境。社会美育能帮助人们自觉维护、优化社会生活环境。优美的生活环境能够给人以美感，令人精神振奋、心情舒畅，从而提高学习、工作效率。这对促进社会精神文明建设有正向的推动作用。

（三）艺术美育

艺术美育强调普及艺术的基本审美知识，希望通过对优秀艺术作品的鉴赏提高人们的审美修养和艺术鉴赏能力。艺术美育可以发展人的感知力、想象力、理解力，激发人的创造力，促进人们个性的发展。

随着社会的发展和人们审美需求的增长，艺术美育显得越来越必要和紧迫。思想家、艺术家大都重视艺术的陶冶和净化作用，强调通过艺术美育来培养美好的心灵。

艺术美育的功能主要表现在以下方面。

第一，满足艺术审美的需要。比如，我们有时会说"最近很累，我想听听音乐或者看个电影放松一下"。通过倾听音乐或者观赏演出，人们获得审美的快乐，精神不再紧绷，身心得以休息。不少人通过家庭环境熏陶或艺术课程学习养成了艺术兴趣和专长，可以通过绘画、弹奏等方式表达自我，舒缓压力。

第二，提高艺术素养。艺术素养主要是指感受、体验、评价和创造艺术的能力。现代社会中，只有具有较高的文化修养与艺术素养，才能更好地适应社会的发展与时代的需要。提高艺术素养，需要掌握艺术的基本知识和基本原理，在艺术欣赏中不断提高鉴赏能力和审美能力。

第三，加深对自然、历史、人生的认识。比如，中国古典诗词是上千年灿烂文化的精华，有着无可比拟的美育功能。我们欣赏唐诗宋词，不仅能感受到文学之美，还能够增进对自然、历史、人生的理解和认识。

第四，以形引人，以情动人。艺术美育通过生动直观的艺术形象，使受教育者自由自愿、不知不觉地受到教育，在潜移默化中得到心灵的净化。

（四）科技美育

科技美育是指对科学技术之美的教育。科技美新颖奇妙，很容易激起人们的好奇心与求知欲。

科技美育的功能主要表现在两个方面。

第一，帮助受教育者发现、发展科技兴趣和专长。数学、物理、化学、天文、生物、地理等学科都存在着自身独特的美。以化学领域为例，能以优美的形态为人所感知、令人陶醉的事物随处可见，如化学物质的颜色和状态、化学教学模型、化学实验装置、化学反应过程、化工生产设备等。受教育者可以在学习过程中发现自己喜欢、擅长的科技

学与悟

你学过舞蹈、乐器、美术、表演或摄影吗？培养艺术兴趣与专长对你有什么帮助？

领域，继而投身其中。科学家、工程师正是凭借其丰富的想象力，让科技领域展现出奇特魅力的。

第二，激发创造力。科技美育对科技发明与创造有推动作用。先进的科学技术会带给人们新奇的感受和巨大的震撼。科技美的熏陶与感染，有利于丰富审美经验、发展审美鉴赏能力和创造能力。科技美育可以帮助人们树立科学的观念和美感，发展热爱科学的精神，激发人们的创造动机。

☕ 欣赏美

张桂梅，1957 年生于黑龙江省牡丹江市，十几岁时到云南支援边疆建设，1998 年加入中国共产党，是云南省丽江华坪女子高级中学书记、校长，华坪县儿童福利院院长，丽江华坪桂梅助学会会长。

张桂梅大学毕业后在云南大理工作，在丈夫因病去世后自愿要求调到边远的华坪县任教。看到山区的孩子们渴望知识的纯真面庞，爱的本能让她在这里扎下了根。为了改善孩子们的学习和生活状况，她节衣缩食，捐款捐物，每个月只给自己留最基本的生活费。张桂梅因突出的工作表现和爱生如子的育人精神获得过多项荣誉和奖金，她把这些奖金也主要捐献给了慈善事业。

张桂梅在丽江山区教育一线工作了数十年。在华坪县教书期间，张桂梅深刻了解到许多贫困家庭的女孩无法上学的现实困境。为了让想读书的女孩有接受教育的机会，她四处奔走，历经艰辛，克服重重困难，推动创建了中国第一所公办免费女子高中——云南省丽江华坪女子高级中学。自 2008 年建校以来，已有上千名女孩从这里走出大山。

张桂梅多年来一直在十分艰苦的条件下工作、生活，患有多种疾病，但她拖着病体坚守三尺讲台，用爱心和智慧点亮万千乡村女孩的人生梦想。从青春年少到满身伤病，张桂梅将最好的年华献给了山区的教育事业，将全部的心血倾注在学生身上，将自立自强的种子播撒在她们心中。张桂梅爱岗敬业、无私奉献的精神成为学生们学习、成长的强劲动力。张桂梅的感人事迹受到全社会的广泛关注，人们为其精神美、性格美、心灵美而感动。

张桂梅曾荣获"全国优秀共产党员""时代楷模""全国脱贫攻坚楷模""全国先进工作者""感动中国 2020 年度人物""全国优秀教师""全国教书育人楷模""全国最美乡村教师""全国十佳师德标兵""中国十大女杰""全国三八红旗手""云岭楷模"等多项荣誉。2021 年 6 月 29 日，她被党中央授予"七一勋章"。她在受勋感言中说："有人问我，为什么做这些？其中有我对这片土地的感恩和感情，更多的，则是一名共产党员的初心和使命。小说《红岩》和歌剧《江姐》是我心中的经典，我最爱唱的是《红梅赞》。受革命先烈影响，受党教育多年，我把党的声誉看得很重，把共产党员这个称号看得很重。

我们所做的一切，不过是许多共产党员每天正在做的事情，而党和人民却给了我们如此崇高的荣誉。戴着这枚沉甸甸的勋章，我受到了莫大的鼓舞。习近平总书记说，'征途漫漫，惟有奋斗'。只要我还有一口气，我就要站在讲台上，倾尽全力、奉献所有，九死亦无悔！"

体验美

　　请同学们走进美术馆、博物馆、音乐厅、话剧院、电影院、文化宫、展览馆或科技馆等，感受美的熏陶。

第三课　社会生活之美

第一节　心灵之美

📎 **感悟美**

　　时代楷模黄文秀研究生毕业后放弃大城市的工作机会，毅然回到家乡，在脱贫攻坚第一线倾情投入、奉献自我。请想一想：你从中发现了哪些审美形态？心灵之美可以表现在哪些方面？

📷 **走近美**

　　心灵之美，即精神世界的美。它是人最本质的美，亦称精神美、内心美、灵魂美，属于社会美形态。古希腊哲学家柏拉图认为，心灵的优美与身体的优美和谐一致是最美的境界。

　　中国古代将心灵之美称为"内秀""性善""仁""诚"等。孔子提出"里仁为美"，墨子认为"务善则美"，孟子视"充实善信"为美德。在先哲看来，性善、诚实、仁爱的人是有着心灵之美的人。

　　今天，心灵之美主要指思想意识、道德情操、精神意志、智慧才能等方面的美。它集中体现了社会文明对人的要求，是行为美、语言美、仪表美的内在依据，并通过具体的审美形态被人们所感知。

> **读与思**
>
> 　　人在社会生活中创造着美的生活，锤炼着纯洁晶莹、高尚美丽的心灵。
>
> 　　美，与睿智的思想在一起；
>
> 　　美，与高尚的道德在一起；
>
> 　　美，与坚强的意志在一起；
>
> 　　美，与博大的智慧在一起。

一、思想意识之美

　　思想指客观存在反映在人的意识中，经过思维活动而产生的结果或形成的观点及观念体系；意识指人脑对客观物质世界的主观反映，表现为知、情、意三者的统一。美是思想意识自身具有的气韵与特征，思想意识之美源自思想本身。

（一）树立正确三观

　　青年兴则国家兴，青年强则国家强。大学生是推动国家社会发展的重要力量，必须树立正确的世界观、人生观和价值观。

第一，要以全心全意为人民服务为最高目标。在形成正确的世界观、人生观、价值观的过程中，要以全心全意为人民服务为最高目标，切实践行党的理想信念，始终坚持为人民群众谋利益，以人民群众与社会发展为重。大学生要把握正确的成长方向，将自己的世界观、人生观、价值观塑造与祖国的发展命运紧密结合起来。

第二，要以社会主义现代化建设为现实目标。中国特色社会主义已进入新时代，主要矛盾有所转化。当代大学生应具备主人翁意识，着眼于社会主要矛盾，为党和国家事业的发展贡献知识力量。为此，大学生必须明确自身历史使命，敢于肩负时代重任，将人生目标定位在建设社会主义现代化强国的高度上。

第三，要以提高自身综合素质为具体目标。当代大学生必须以提高综合素质为具体目标，不断成长进步，为国家建设作贡献。为此，大学生要明确学习目的，专注专业领域，以扎实的文化知识和专业技能筑牢建设祖国的根基。同时，还要争取在专业上取得突破，尤其要注重职业道德素养和敬业精神的培养，努力做到"选一行，爱一行；干一行，行一行"。

（二）坚定理想信念

大学生是肩负民族复兴大任的时代新人，必须坚定理想信念，树立远大理想。

第一，要确立马克思主义的科学信仰。新时代大学生坚定理想信念，首先就是要信仰马克思主义，要有对马克思主义普遍真理的理性认同，深刻把握作为立党立国根本指导思想的马克思主义的精神实质，这样才能在社会发展中把握规律、看清方向、坚定立场、明确目标，在服务人民和奉献社会中贡献力量。在这方面，时代楷模黄文秀给我们作出了榜样。

第二，要胸怀共产主义的远大理想。共产主义远大理想体现了人类对未来的最高追求，具有科学真理性和客观必然性。中国共产党从成立之日起，就把实现共产主义写在自己的纲领中，始终领导全国各族人民砥砺奋进。马克思主义经典作家也指出，要实现共产主义，必须认识到社会主义是必经阶段。

第三，要践行中国特色社会主义共同理想。当代大学生在新时代践行中国特色社会主义理想，就是要不断坚定"四个自信"，做到"两个维护"，自觉学习和深刻领会习近平新时代中国特色社会主义思想，保持积极进取的奋斗状态，对建设社会主义现代化强国和实现中国梦充满信心。

（三）坚守爱国情怀

面对百年未有之大变局和纷繁复杂的国际形势，当代大学生要坚守爱国情怀，牢牢把握爱国主义的三个向度。

读与思

理想之歌（节选）
流沙河

理想是石，
敲出星星之火；
理想是火，
点燃熄灭的灯；
理想是灯，
照亮夜行的路；
理想是路，
引你走到黎明。

第一，坚持爱国与爱党、爱社会主义相统一。爱国主义贯穿中华民族的发展历史，深植于中华优秀传统文化，同时也具有鲜明的时代性。纵观近现代以来中国从救亡图存到走向复兴的发展历程，我们会深刻地意识到，是历史和人民选择了共产党，选择了社会主义。这段历史也是中国人民坚持和弘扬爱国主义的历史，而爱国情怀是驱使一代代中国青年勇担时代使命的核心动力。

第二，坚持爱国情怀与人类关怀相统一。齐家、治国、平天下是中华有识之士的价值追求，也是中华文明光辉闪耀的篇章。习近平提出构建人类命运共同体，为世界文明交流互鉴、和谐共生提供了靶向，也为世界各国青年把热爱祖国与热爱世界紧密联系起来贡献了中国智慧。同时，这也增强了中华文明的生机和活力，为促进世界和平与人类进步作出了贡献。

第三，坚持爱国信念与报国行动相统一。爱国主义是动员和鼓舞中国人民团结奋斗的一面旗帜。实践性是爱国主义的本质属性，中国梦的伟大实践为当代大学生实现爱国心和报国志提供了广阔舞台。当代大学生是追梦人，也是圆梦人。追梦需要理想和激情，圆梦需要奋斗和奉献。大家只有将爱国信念转化为爱国报国的具体行动，才能克服虚无感，增强爱国主义的自觉性和能动性。

二、道德情操之美

道德是一种特殊的社会意识形态，它通过社会舆论、传统习俗和内心信念来维系，是对人们的行为进行善恶评价的心理意识、原则规范、行为活动的总和。情操则指一种比较高尚的情感。

道德情操之美通常指道德情感和操守的完美结合。它是构成社会成员美好道德品质的重要因素。美是事物的客观属性，能作用于人体感官，进而为人们提供美感享受以形成精神上的愉悦。道德情操之美源自自己或他人的行为符合道德规范时所产生的美好情感体验，如敬佩、羡慕、赞赏等。苏联教育家苏霍姆林斯基说："美是一种心灵的体操——它使我们的精神正直、心地纯洁、情感和信念端正。"

我们不妨看一看出现在公交车上的一幕。一名老人拄着拐杖上了公交车，可是车上已无空位，她只好站在过道上。旁边塞着耳机、打扮时髦的年轻人白了老人一眼，露出厌恶的神情。突然，一个紧急刹车，老人打了一个趔趄，压在了这个年轻人身上。年轻人二话不说就推开了老人。这时，一名衣着朴素的乘客站了起来，主动给老人让座。让座乘客的行为让我们更加明白一个道理："老吾老以及人之老"的道德情操之美胜过容貌、形体之美。

三、精神意志之美

精神是指人的情感、意志等生命体征和一般的心理状态。意志是指人自觉地确定目标，并根据目标调节支配自身的行动，克服困难去实现目标的心理倾向。这种心理倾向常常通过语言或行动表现出来。具体来说，精神意志之美主要包括进取精神、创新精神、顽强意志、崇高气节等方面的美。

在此，我们以进取精神的美为例，走进精神意志之美。

第一，进取精神是一种使人永不满足的心理状态。客观世界在不断向前发展，人的思想认识也必须与时俱进，稍有自满就会落后。有了上进心，就会有奋斗和进步。进取精神是时代对大学生提出的要求，集中表现为勤于学习、努力向上、勇于探索、自强不息，以顽强的意志和拼搏的精神学习文化知识和专业知识，以便将来更好地服务于国家的发展。

第二，进取精神是一种立志有所作为的精神状态。回顾历史，我们不会忘记：越王卧薪尝胆，不忘前耻；魏武扬鞭东指，壮心不已；雷锋秉灯苦读，勤学上进……越王、魏武的决心和魄力成就了他们的功业，书写了永不过时的精神丰碑；雷锋的精神品质激励着一代代青年追求卓越、奉献社会。时至今日，学雷锋活动仍在各行各业广泛开展，而进取精神正是雷锋精神的生命力所在。

第三，进取精神是一种立足实现伟大梦想的奋斗精神。奋斗离不开积极进取的精神。中国人民自古就明白，世界上没有坐享其成的好事，要幸福就要奋斗。我们要实现中华民族伟大复兴的中国梦，就需要全党和全国各族人民以永不懈怠的精神和一往无前的姿态积极进取，自强不息，奋发作为，不懈奋斗。

四、智慧才能之美

《墨子·尚贤》曰："若使之治国家，则此使不智慧者治国家也。国家之乱，既可得而知已。"这里的"智慧"，即聪明之意。才能指知识和能力。具体来说，智慧才能之美主要包括文化素养、知识才能、聪明睿智等方面的美。

在此，我们以文化素养的美为例，走进智慧才能之美。

关于文化素养之美，我们可以这么理解：植根于内心的修养，不需提醒的自觉，以约束为前提的自由，为别人着想的善良。

《菜根谭》曰："处世让一步为高，退步即进步的张本；待人宽一分是福，利人实利己的根基。"真正有修养的人，遇事都会退让一步；以仁德、宽厚的态度待人，就是有修养的表现。

我们来看一则左宗棠的故事。左宗棠喜欢下围棋，而且水平很高。在一次出征途中，左宗棠看见一间茅屋，挂着"天下第一棋手"的牌匾。左宗棠心里很不服气，想要与主人一决高下。下了三盘，主人都输了，左宗棠大笑道："你可以将牌匾卸下了！"没过多久，

读与思

气节指一个人的志气和节操。孔子的"朝闻道，夕死可矣"，揭示的是气节的源泉；诸葛亮的"鞠躬尽瘁，死而后已"，归纳的是气节的拓展；夏完淳的"英雄生死路，却似壮游时"，展现的是气节的升华。

经过世代培育、弘扬、传承的崇高气节，是数千年来支撑中华民族生生不息的灵魂和脊梁。

左宗棠班师回朝，恰巧路过此处，发现牌匾赫然还挂在那里。左宗棠于是与主人又下了三盘。这一次，左宗棠三盘都输了。左宗棠惊讶地追问原因。主人答道："上回，您有任务在身，要率兵打仗，我不能挫了您的锐气。现今，您已得胜归来，我当然要全力以赴了！"

可见，在社会生活中，真正的高手，能胜，但不一定要胜；能赢，在有些时候却会选择不赢。这就是植根于内心的修养。

与有修养的人在一起，就像聆听一曲舒缓的音乐，品一杯醇厚的美酒。

🍵 欣赏美

美源自生活。心灵之美是一个人最本质的美，与睿智的思想、高尚的道德、坚强的意志、博大的智慧紧密相连。

下面，让我们一起来欣赏古今伟人的心灵之美。

一、共和国总理周恩来——《为中华之崛起而读书》

《为中华之崛起而读书》表现了少年周恩来的博大胸襟和远大志向，以及崇高的爱国情怀。

文章先写12岁的周恩来刚到沈阳，就听伯父叹着气说"中华不振"，这使他疑惑不解；接着写周恩来在租界亲眼看到中国妇女受到洋人的欺侮，而围观的中国人敢怒不敢言，这使他真正体会到伯父的话的含义；然后写在修身课上，周恩来在全班同学面前表明了自己的心声，要"为中华之崛起而读书"；最后写周恩来少年时代就心系中华振兴，立下远大志向。

文章写到其他学生读书的目的是明理、做官、挣钱和吃饭，总而言之都是为了满足自己生活的需要；而周恩来把个人的学习与中华民族的振兴结合起来，因为他不愿意自己的民族这样软弱，不愿意自己的同胞再受到这样的欺凌。

今天，我们在阅读《为中华之崛起而读书》时同样会深受震撼。新中国正是因为有了许多像周恩来一样志存高远的爱国者，才实现了从站起来、富起来到强起来的伟大飞跃。当代大学生应该不负韶华，立志报效祖国，为实现中华民族伟大复兴的中国梦而读书！

扫码欣赏《为中华之崛起而读书》

二、铁骨铮铮文天祥——《过零丁洋》

文天祥（1236—1283），字履善，又字宋瑞，号文山，南宋政治家、文学家。

零丁洋，即"伶丁洋"，位于现在广东珠江口外。1278年年底，文天祥率军在广东五坡岭与元军激战，兵败被俘。在被押送至零丁洋时，他作诗明志：

辛苦遭逢起一经，干戈寥落四周星。

山河破碎风飘絮，身世浮沉雨打萍。

惶恐滩头说惶恐，零丁洋里叹零丁。

人生自古谁无死，留取丹心照汗青。

这首诗的大意是：我遭遇各种辛苦，及第做官，却在兵荒马乱中度过四年光景。河山破碎，好像被风吹散的柳絮；我一生动荡，像被雨水击打的漂泊的浮萍。在惶恐滩头诉说心中的惶恐，在零丁洋里感叹自己的孤苦。古往今来，谁人不死？我只愿留下赤诚的心来照耀史册。

这首诗沉痛悲凉，既叹国运又叹自身，把家国之恨、艰危困厄渲染到极致，最后一句却由悲而壮、由郁而扬，迸发出"人生自古谁无死，留取丹心照汗青"的呼喊，以磅礴的气势表现了诗人至死不渝的气节和舍生取义的崇高人格。

👆 体验美

请同学们扫码阅读时代楷模杜富国的英雄事迹，结合本节所学的知识，找出其中心灵之美的审美特征。

扫码欣赏
《你退后，让我来》

《你退后，让我来》 ➡️

思想意识之美：

道德情操之美：

精神意志之美：

智慧才能之美：

第二节　语言之美

扫码欣赏
《陶行知的四块糖果》

🔖 感悟美

请扫码欣赏《陶行知的四块糖果》。该文是一篇谈话艺术佳作。通过感悟陶校长与学生的谈话技巧，我们能加深对学习生活中语言之美的认知。请想一想：文中哪些话最有魅力？语言之美表现在哪些方面？

📷 **走近美**

关于语言之美，高尔基曾经说："作为一种力量，而起作用的真正的语言美，是由词汇的确切、鲜明和响亮动听而创造出来的。"这是从文学修辞角度对语言之美提出的要求。本节所说的语言之美，主要是指语言在社会生活的运用过程中所显现的美，也就是社会交际角度的语言之美。

一、交谈语言之美

交谈是人们日常交往的基本方式之一。美国语言心理学家多萝西·萨尔诺夫认为："说话艺术最重要的就是与人交谈。"从广义上来讲，交谈是人们交流思想、沟通感情、建立联系、消除隔阂、协调关系、促进合作的重要渠道。在人际交往中，如果不注意语言的规范，称谓不礼貌、用错字词或选错话题，就会产生不好的影响。那么，如何交谈才能使语言具有美感呢？

（一）善于赞美

在社会生活中，人人都需要赞美，人人都喜欢赞美。这并不仅仅是虚荣心的表现，更是人们渴望上进，寻求理解、支持和鼓励的表现。爱听赞美，这出于人们自我尊重的需要。听到真诚的赞美，知道自身的价值获得认可，这有助于增强自尊心和自信心。真诚的赞美体现了尊重与信任，能增进彼此之间的了解和友谊，给人以极大的鼓舞。赞美也是一种高级的精神享受，能让我们的心理得到极大的满足，从而不断激发积极性和创造性。

（二）擅长幽默

幽默是以愉悦的方式让别人获得精神快感的语言形式。交谈过程中也许会出现一些不和谐，但如果能适时运用幽默，就能避免由此产生的摩擦。尤其是在尴尬的时候，幽默更能帮助人们摆脱窘境，获得意想不到的效果。例如，在一次生日宴会上，男主人向客人敬酒致意。敬完酒，一名外国女士走过来说："尊敬的先生，你该向我道歉。""我有什么地方做得不对吗？"男士问。"你刚才向我敬酒时，眼睛总是看着别处，这是对我的不尊重！"女士回答。"对不起！我没有不尊重你的意思。只是在我们中国，向女士敬酒，尤其是漂亮的女士，紧紧盯着对方，那才是最不礼貌的。你太漂亮了，我真的不敢多看。"女士笑出了声，高兴地说："谢谢你的夸奖！"

（三）擅选话题

话题是指人们在交谈中所涉及的题目范围和谈话内容。在人际交往中，选好话题能使谈话有一个良好的开端。那么，交谈时宜选择什么样的话题呢？

1. 高雅的话题

可以选择内容文明、格调高雅的话题，如文学、艺术、哲学、历史、地理、建筑等方面的话题。这类话题适合交谈，同时也能够体现谈话人的见识、阅历、修养和品位。

2. 轻松愉快的话题

可以选择轻松愉快的话题，如流行服饰、热播的电视剧、刚上映的电影、风土人情、名人逸事等。这类话题能让彼此在交谈时感到没有压力，适用于非正式交谈。

3. 对方擅长的话题

可以根据谈话对象来选择话题，如与青年人谈网络、街舞、时尚；与中年人谈时事政治；与老年人谈养生、饮食；与普通朋友谈柴、米、油、盐、酱、醋、茶。

4. 既定的话题

交谈前可以先商定要谈的话题，或者提前准备好话题。请求帮助、征求意见、传递信息、讨论问题、研究工作、洽谈业务等往往都属于既定的交谈，这类话题适用于正式交谈。

二、形体语言之美

形体语言亦称身体语言，是指借助各种态势表达情感、传递信息的语言。有声语言在表情达意上有局限，常会把所要表达的意思的一部分甚至大部分隐藏起来，进而导致言不由衷。按照弗洛伊德的学说，这是由于经过理性加工的语言往往不能直率地表露个人的深层心理和真实意向。正如伯德惠斯特尔所说："仅依赖文字语言，我们永远也不会明白一个人说话的完整含义。"形体语言能弥补有声语言的不足，会通过有形可视的具有丰富表现力的动作和表情，协助有声语言准确无误地进行表达。

（一）情态语言

1. 目光语

目光语是用眼神和目光来表达情感、传递信息、参与交流的表情语言。眼神被认为是人类最明确的情感表现和交际信号，在面部表情中占据主导地位，是一种非常重要的无声语言。"一身精神，具乎两目"，说的就是眼睛具有反映深层心理的特殊功能。我们往往能通过眼睛看到一个人的内心世界。与人交谈时，目光应注视对方，不宜凝视。英国人体语言学家莫里斯说："眼对眼的凝视只发生于强烈的爱或恨之时，因为大多数人在一般场合中都不习惯于被直视。"长时间的凝视有一种蔑视和威慑功能，有经验的警察、法官常常利用这种手段来迫使罪犯坦白。

（1）目光注视的种类和部位。①社交式注视。它是人们在社交场合广泛使用的注视方式，注视范围是以对方两眼为上线，以下颚为顶点所形成的倒三角区域。当你看着对方脸部这个区域时，会营造出一种社交气氛，让人感到轻松自然。这种注视主要用于茶话会、舞会及各种类型的朋友聚会。②公务式注视。这种注视的范围是以对方双眼为底线，以前额的上端中点为顶点形成的三角区域。谈公务时，如果你注视对方脸部这个区域，会给人一种严肃认真的感觉，从而有助于把握谈话的主动权和控制权。这种注视多用于洽谈、磋商、谈判等比较正式的场合。③亲密注视。这是亲人、恋人之间的注视方式，注视范围在对方双眼到胸部之间。

（2）目光注视的时间。谈话时注意力要集中，视线接触对方面部的时间应占全部谈话时间的 30% ~ 60%。在对方讲话时，要避免左顾右盼和心不在焉。

（3）目光注视的方式。应与对方正视，以示尊重和礼貌。正视范围在对方的双眼和口鼻处之间。如果与对方目光相遇时对视太少，会显得缺乏自信。在对方讲话时注视对方，不仅表示你在认真倾听，而且能显示出自己处于与对方平等的位置，有助于消除紧张感。

2.微笑语

微笑是人们对美好事物表达愉悦情感的心灵外露和积极情绪的展现，可以体现出对他人的关爱，是礼貌与修养的外在表现形式。人们在交谈时可以通过微笑传递彼此之间的友好。这时，微笑不仅是一种表情，更体现出一种乐观向上的人生态度。康纳·希尔顿常常问职员："你今天对顾客微笑了吗？"他要求职员们记住："无论酒店本身遭遇了怎样的困难，希尔顿酒店服务员脸上的微笑永远是属于旅客的阳光。"服务员脸上永远绽放的微笑帮助希尔顿酒店度过了 20 世纪 30 年代的经济萧条，在全美国旅馆倒闭 80% 的情况下跨入了属于自己的黄金时代。

读与思

微笑训练

可以对着镜子，嘴里念"茄子""田七"等，然后用纸遮住眼睛下面的部位，心里想着最高兴的事情，调动眼睛周围的肌肉，练习露出自然的微笑。然后放松面部肌肉，目光含笑。要学会使用眼神来让微笑更传神、更亲切。

（二）身势语言

在人际交往中，最常用的较为典型的身势语言为手势语和姿态语。手势语通过手和手指活动来传递信息，能直观地表现一个人的心理状态（如友好、祝贺、欢迎、惜别、不同意、为难），主要包括握手、招手、摇手、挥手和手指动作等。其中，握手是人际交往中用得最频繁的手势语。姿态语指通过坐、立等姿势的变化表达语言信息。由于它是通过上肢特别是手来传递信息的，故表现力极强。手势语能弥补口头语言和表情语言表达的不足，帮助人们表达某些特殊的情感。

（三）空间语言

空间语言指在社交场合中人与人之间所保持的距离。无声的空间距离对人际交往具有潜在的影响，有时甚至决定着人际交往的成败。人们常常用空间语言来表明对他人的态度和与他人的关系。

美国人类学家爱德华·霍尔将人类的交往空间划分为四种类型。

第一，密切界域，又称亲密空间（0 ~ 45 厘米）。这是一种接触性的空间语言，是人际交往中的最小距离，只有关系亲密的人才可以进入这一空间，如夫妻、父母、子女等。

第二，人身界域，又称个人空间（46 ~ 120 厘米）。这是一种接近性的空间语言，往往适用于简要会晤、促膝谈心或握手。在交际场所，朋友、熟人可以自由进入这一空间。

第三，社交界域，又称社交空间（121～360厘米）。这是一种交际性的空间语言。距离120～210厘米，适合在社交活动和办公环境中处理业务等；距离210～360厘米，适用于比较正式、庄重、严肃的社交活动，如谈判、会客等。

第四，公共界域，又称公共空间（360厘米以上）。这是一种较大的、不会产生特殊心理影响的空间语言，适用于大型报告会、演讲会等场合。

三、语言表达之美

语言表达是一门艺术。在表达同一种意思时，词语不同往往会带给对方不同的心理感受，从而产生不同的交际效果。例如，"请往那边走"，听起来彬彬有礼。"往那边走"，仅仅去掉了一个"请"字，就显得语气生硬，好像变成了一种命令。因此，在社会生活中务必要注意交谈时的语言表达之美。

（一）用语文明

交谈语言应文明礼貌。语言文明，就是不说粗话、脏话、黑话、荤话、怪话、气话等。语言礼貌，就是多使用礼貌用语，以获得他人的体谅与好感。下面的一些礼貌用语值得我们学习借鉴：

> 初次见面说"久仰"，看望别人用"拜访"；
>
> 请人勿送用"留步"，对方来信叫"惠书"；
>
> 请人帮忙说"劳驾"，求给方便说"借光"；
>
> 请人指导说"请教"，求人指点用"赐教"；
>
> 赞人见解称"高见"，归还原物叫"奉还"；
>
> 欢迎购买叫"光顾"，老人年龄称"高寿"；
>
> 宾客到来用"光临"，中途先走用"失陪"；
>
> 赠送作品用"斧正"，等候客人用"恭候"；
>
> 求人原谅说"包涵"，麻烦别人说"打扰"；
>
> 好久不见说"久违"，托人办事用"拜托"；
>
> 与人分别用"告辞"，求人解答用"请问"；
>
> 向人祝贺说"恭喜"，赠送礼品用"笑纳"。

（二）用语清晰

语言清晰，就是吐字清楚，发音准确，语速适中，语气谦和，音量适中；避免使用似是而非的语言，去掉频繁出现的口头禅。说话过快、过慢或忽快忽慢都会影响交谈效果。同时，谨慎使用方言，以免让听不懂的人产生被排斥和冷落的感觉，甚至引发误会。

例如，一名来自重庆的学生在运动会上说要找自己的"孩子"，众人不解。其实，他指的是"鞋子"。由此可见在交谈中清晰地使用普通话的必要性。

（三）用语有"礼"、有"力"、有"度"、有"情"

有"礼"就是要善用礼貌用语，言行举止讲究礼仪规范。这是交谈时要做好的第一步，因为人们更喜欢与彬彬有礼的人交流。谦逊的态度、友好的语气可以为彼此的交谈营造出和谐愉快的氛围。

有"力"就是要做到言之有理、言之有序、言之有的、言之有益、言之有物。交谈应尽量紧扣中心话题；要针对谈话对象的特点，因人施语；要事先明确谈话内容，说健康有益的话，说真话；谈话内容应有理、有据，合乎逻辑，有说服力，不讲空话和套话。

有"度"就是交谈时要把握好词语、动作、表情，做到恰如其分。交谈时要注意自己的角色定位，不要唱独角戏，避免使用主观武断、不留余地的词语，如"只有""一定""唯一""就要"等，而是尽量采用商量的口气。注意谈话方式，多用委婉的语言来表达，间接地提醒或拒绝，这些都有利于提升谈话效果。

有"情"就是言语要友好、富有人情味、能打动人心，让对方倍感亲切和温暖。在谈话过程中，最好能做到以情动人，因为在某些情况下这比以理服人更有魅力。

🖰 欣赏美

社会交际语言涵盖了交谈语言之美、形体语言之美、语言表达之美。高职院校的学生可以通过对本节内容的学习，潜心提升语言素养，展现出青年学子文明礼貌、举止有范、自信担当的时代风尚，努力做到言之有"礼"、言之有"力"、言之有"度"、言之有"情"。

《语言的魅力》讲述了一则彰显语言之美的故事。

故事中，年老的盲人在街边乞讨，身旁立着一块牌子，上面写着"我什么也看不见"。周围并没有什么人帮助他。一位诗人得知情况后，悄悄地在牌子上添了几个字，把它变成了"春天到了，可是我什么也看不见"。这样的语言富有诗意，深深打动了过往的行人，人们热情地向老人伸出了援手。

《语言的魅力》一文围绕"春天到了，可是我什么也看不见"，写出了行人情感的变化、老人情感的变化、诗人情感的变化。诗人在看到行人纷纷解囊相助后，十分欣慰。诗人为人世间纯美而善良的感情感到欣慰，为老人得到了实实在在的帮助感到欣慰，更为语言的魅力感到欣慰。

这种变化体现出语言打动人心、改变行为的作用。因此，在欣赏这篇作品时，我们

扫码欣赏
《语言的魅力》

要反复品味语言，领悟语言的表达之美。我们应感受语言文字的妙用，感知语言的巨大魅力，获得深刻的语言审美体验，在学习生活中努力践行语言之美。

👉 体验美

请同学们欣赏《陶行知的四块糖果》，结合本节所学的知识，找出其中语言之美的审美特征。

《陶行知的四块糖果》 ➡️

> 交谈语言之美：
>
> 形体语言之美：
>
> 语言表达之美：

第三节　仪态之美

📎 感悟美

请扫码观看手语舞《礼》。这支舞通过肢体语言，运用手语艺术的表现形式，将仪态贯穿其中，使仪态之美走进学生的日常生活。请想一想：你从视频中看到了哪些仪态？仪态之美还可以表现在哪些方面？

扫码欣赏
手语舞《礼》

📷 走近美

仪态也被称为形体或肢体语言，指人的肢体动作，包括站姿、坐姿、走姿、蹲姿、手势等。仪态之美既是一种动态美，又是一种风度美。

一、站姿之美

仪态之美是由优美的姿态来体现的，优美的姿态又以正确的站姿为基点。

站姿指一个人站立的姿势。基本要领：头正、颈直、肩平、立腰、紧臀；手臂肌肉放松，双手自然垂放于体侧；面带微笑并自然呼吸；身体挺拔，脚踏实地。站是力量的一种体现。常见的站姿有以下几种。

基本站姿。基本要领：两脚并拢，两膝绷直并紧，踝关节并拢，抬头挺胸，立腰收腹，

扫码欣赏
《女士丁字步站姿》

双手自然垂放于体侧，下颌微收，双目平视，面带微笑。

"V"字步站姿。基本要领：脚跟并拢，脚尖分开约 60 度，腿绷直并紧，腰背直立，双手交叉叠放于小腹部。

右（左）丁字步站姿。这是比较适合女士的站姿。基本要领：两脚尖略微分开，右（左）脚在前，将右（左）脚跟靠于左（右）脚内侧，腿绷直并紧，腰背直立，两手在脐部交叉，左手握右手的手指部分，使右手四指不外露，左右手大拇指内收在手心处。

平行步站姿。这是比较适合男士的站姿。基本要领：两脚分开，与肩同宽，脚后跟略微内收，腿绷直，腰背直立，左手半握拳，右手握住左手的手腕，放置于腹前。

二、坐姿之美

端庄优美的坐姿会给人以文雅、稳重、自然大方的美感。基本要领是腰背挺直，肩放松，两膝并拢或稍微分开一些，一般不超过肩宽。

（一）坐姿规范

入座。入座时，转身后一脚后移半步，轻而稳地坐下。女士就座时，可稍微将一下裙摆，男士则可解开西服扣子。一般坐满椅子的 2/3，脊背轻靠椅背。坐稳后微微挺胸收腹，两腿自然弯曲，小腿与地面基本垂直。目光平视前方，面带微笑。

手的摆放。双手自然弯曲，放在膝盖或大腿上（如果是有扶手的沙发，可将手搭在扶手上）。

膝的放置。双膝并拢或微分。

离座。一脚向后收半步，轻缓地起立。

（二）常用坐姿

垂直式。适合于比较正式的场合。基本要领：上身与大腿、大腿与小腿及小腿与脚部都呈直角。女士如果穿裙子，就座后双手叠放于并拢的双腿上，压住裙口；男士就座后双腿可张开一些，但不应超过肩宽，双手轻放于膝盖上。

标准式。适合于各种场合。基本要领：在垂直式坐姿的基础上，女士两脚保持小"丁"字步，男士两脚自然分开 45 度。

双腿叠放式。适合穿短裙的女士采用，造型优雅。基本要领：双腿上下交叠，双脚斜放，斜放后小腿与地面呈 45 度角，叠放在上的脚的脚尖垂向地面。

双腿斜放式。适合于穿裙子的女士在较低的位置（双脚垂直放置的话，膝盖可能会高过腰）就座，这也是坐在沙发上的基本姿势。基本要领：双腿并拢，然后双脚向左侧或向右侧斜放，力求使斜放后的小腿与地面呈 45 度角。

双脚交叉式。适合于各种场合。基本要领：双膝并拢，双脚在踝部交叉。需要注意

的是，交叉后的双脚可以内收，也可以斜放，但不要向前方远远地直伸出去。

分膝式。适合于一般场合，多为男士选用。基本要领：两膝左右分开，但不超过肩宽，小腿垂直于地面，两脚脚尖朝向正前方，双手自然放于大腿上。

曲直式。适合于非正式场合，多为女士选用。基本要领：大腿与膝盖并紧，一脚伸向前，另一脚曲回，两脚前脚掌着地，双脚前后保持在同一条直线上。

后曲式。适合于各种场合，多为女士选用。基本要领：膝盖并紧，大腿先并拢，小腿向后曲回，脚尖着地。

三、走姿之美

行走的姿态能反映人的内心境界和素养，展现出风度、风采和韵味。同时，优美的行走姿势还有助于塑造体态美，消除肌肉紧张。

（一）走姿规范

头正身直。上身挺直，抬头，收腹，立腰，重心微微前倾，两眼平视前方，面带微笑。

步位平直。走路要用腰力，行走时假设前下方有一条直线，两脚交替踩迈在直线上。双脚行走的轨迹应当呈现为一条直线。

步幅适当。两脚落地的距离宜为一个脚长，即前脚的脚跟与后脚的脚尖相距一个脚的长度。

步态平稳。步伐稳健，有节奏感，保持匀速行进。一般情况下，男士每分钟108~110步，女士每分钟118~120步。

摆动自然。两臂摆动时，手腕要配合，掌心向内，两手自然弯曲，摆动中离开双腿不超过一拳的距离；两臂放松，以肩关节为轴，两手前后摆动，前摆约35度，后摆约15度。

（二）常用走姿

便步式。基本要领：行走时，假设前下方有一条直线，两腿交替踩迈，前摆腿屈膝程度不宜过大。脚跟先着地，然后迅速过渡到前脚掌，脚尖略向外，距离直线约5厘米，腿部具有力度感；上身自然挺拔，立腰，收腹，身体重心迅速跟上，身体保持平稳前移；头正，目光平稳，用眼睛的余光注意前下方，下额微有内收；肩平，肩峰稍后张，大臂带动小臂自然前后摆动，肩勿晃动；前摆时，手不得超越衣扣垂直线，肘关节微屈约30度，掌心向内，勿甩小臂，后摆时勿甩手腕。

"一"字步。基本要领：行走时，假设前下方有一条直线，两脚交替踩迈在直线上。左脚前迈时微向左前方送胯，右脚前迈时微向右前方送胯；两臂自然摆动，前摆臂时注意肩部稍许平送，后摆臂时肩部稍许平拉。

四、蹲姿之美

如果有东西掉在地上，人们一般习惯弯腰将其捡起。在公共场合中，这时人们应采用蹲姿。蹲下时，要注意腿部靠紧，臀部向下。

（一）蹲姿规范

站在所取物品的旁边，屈膝蹲下去拿，不要低头，也不要弓背，而是慢慢地降低腰部；两腿合力支撑身体，掌握好身体重心，臀部向下。

（二）常用蹲姿

交叉式。通常适用于女士，特别是穿短裙的女士。其优点在于优美典雅，基本特征是蹲下后双腿交叉在一起。下蹲时，右脚在前，左脚在后，右小腿垂直于地面，全脚着地；右腿在上，左腿在下，二者交叉重叠；左膝由后下方伸向右侧，左脚脚跟抬起，脚掌着地；两腿前后靠近，合力支撑身体；上身略前倾，臀部向下。

高低式。以下蹲时左脚在前、右脚稍后为例。左脚完全着地，小腿基本垂直于地面；右脚脚掌着地，脚跟提起。这时右膝应低于左膝，右膝内侧可以靠在左小腿内侧。臀部向下，以右腿支撑身体。

半蹲式。基本特征是身体半立半蹲，即下蹲时，上身稍许弯下，但不要和下肢构成直角或锐角；臀部向下，而不是撅起；双膝略弯曲，角度一般为钝角；身体的重心放在一条腿上；两腿不要分开过大。

半跪式。这是一种非正式蹲姿，又称单跪式蹲姿，多用于下蹲时间较长的情境。基本特征是双腿一蹲一跪，即在下蹲后，改为一腿单膝点地，臀部坐在脚跟上，以脚尖着地。另一条腿脚掌着地，脚跟提起。双膝同时向外，双腿尽力靠拢。

扫码欣赏
《男士蹲姿展示》

扫码欣赏
《女士蹲姿展示》

五、手势之美

手势是人们常用的肢体语言，不同国家、不同地区、不同民族由于文化习俗不同，其手势的含义也有很多差别。所以，用手势表达意图和情感要正确恰当，以体现手势之美。

（一）手势的范围及要求

手势的范围有上、中、下三个区域。肩部以上称上区，多用来表示理想、希望等，表达积极肯定的意思；肩部至腰部称中区，多用来表示比较平静的思想，一般不带有浓厚的感情色彩；腰部以下称下区，多用来表示不屑、厌烦、反对、失望等，表达消极否定的意思。

使用手势有三个要求：一是手势的使用要准确；二是手势的使用要适度；三是手势

的使用要合乎规范和惯例。

（二）常用手势

1. 引领的手势

横摆式。迎接来宾时常用横摆式。基本要领：以右手为例，五指伸直并拢，手掌与地面呈 45 度角，右手从腹前抬起向右横摆到身体的右前方。腕关节要低于肘关节。站成右"丁"字步，或双腿并拢，左手自然下垂或背在后面。头部和上身微向伸出手的一侧倾斜，目视宾客，面带微笑。

直臂式。需要给宾客指方向时或做"请往前走"手势时，采用直臂式。基本要领：将右手由前抬到与肩同高的位置，前臂伸直，指向来宾要去的方向。一般男士使用这个动作较多。指引方向时不可用一根手指引领，这样很不礼貌。

斜臂式。请来宾入座做"请坐"手势时，手臂应摆向座位的地方。基本要领：手先从身体的一侧抬起，高于腰部后再向下摆，使大小臂成一斜线。

曲臂式。在一只手拿东西，同时又要表示"请"或指示方向时采用。基本要领：以右手为例，从身体的右侧前方，由下向上抬起，至上臂离开身体 45 度时，以肘关节为轴，手臂由体侧向体前的左侧摆动，距离身体约 20 厘米处停住。掌心向上，手指尖指向左方，头部随客人由右转向左，面带微笑。

双臂横摆式。举行重大庆典活动，接待较多来宾或指示方向时采用。基本要领：将双手由前抬起到腹部再向两侧摆到身体的侧前方。面向来宾时，指向前进方向一侧的手应抬高、伸直一些，另一手稍低、稍弯曲。若是站在来宾的侧面，则两手从体前抬起，同时向一侧摆动，两臂之间保持一定距离。运用这一手势时还要注意与眼神、步伐等配合。

2. 递接物品的手势

递送物品时，以双手为宜，不方便用双手时要采用右手；锋利物品尖锐处应朝向自己；带有文字的物品须使字迹正面朝向对方。接物品也应使用双手，同时用语言表达谢意或点头致谢。

3. 招　手

掌心向下的招手动作在中国表示招呼他人过来。

☕ 欣赏美 ·· ●●●

现在，越来越多的大学生走进了绿色的军营。本环节旨在通过军事礼仪这个窗口，

扫码欣赏《男士手势展示》

扫码欣赏《女士手势展示》

使大学生深刻领悟礼仪文化与军旅文化的独特风景，感受伟大祖国的强盛气象和人民军队的凛凛之威，增强责任感和使命感。

下面，请同学们阅读拓展文本，一起欣赏中国军人的礼仪之美。

一、国之象征，军之荣耀

如果说中国人民解放军是一部厚重的书，那么陆海空三军仪仗队就是开启这部书的精美扉页。

"中国人民解放军仪仗队列队完毕，请您检阅！"就是这支队伍，用忠诚和热血铸就仪仗方阵，把共和国的风采和尊严展现在五洲四海宾朋面前；就是这支队伍，用青春和汗水铸就英姿雄风，把人民军队的威武与文明定格在人民心中。这，就是中国人民解放军陆海空三军仪仗队。

三军仪仗队是一支以执行仪仗司礼任务为主的礼仪部队，主要担负党和国家、军队领导人为外国国家元首、政府首脑、军队高级将领访华时举行的欢迎仪式任务，外国领导人向人民英雄纪念碑敬献花圈时的礼兵任务，以及国庆阅兵、政权交接仪式、重要会议、党和国家领导人治丧活动的标兵、礼兵和方队任务。

三军仪仗队自组建以来，伴随着共和国的成长与发展，圆满完成了数千次仪仗司礼任务，见证了党和国家一个个重大历史事件，留下了一串串闪光的足迹。

> **读与思**
>
> 军礼即军人在内外关系中表示敬意的礼节和仪式。它是整个中华民族礼仪文化的重要组成部分，具有严肃、认真、正规、划一的特点，体现了军人的职业素养。

二、千锤百炼，成就卓越

宝剑锋从磨砺出，梅花香自苦寒来。为了奏出仪仗司礼的精美乐章，一代又一代仪仗兵经历了千锤百炼。尼克松评价说："中国仪仗队是我见过的世界上最出色的一支。"英国女王伊丽莎白二世称赞说："中国仪仗队纪律严明，作风过硬，堪称举世无双。"那么，这支钢铁队伍是怎样炼成的呢？

仪仗队员的征集要经过严格政治考核和特殊挑选。五官端正之外，男仪仗兵要求身高 1.80 米以上，女仪仗兵要求身高 1.73 米以上。仪仗司礼动作看似简单，但必须树立起完美无缺、万无一失的仪仗标准，并把精益求精、追求卓越的高要求贯注到一举一动之中。

同时，仪仗队采用严格的"十子"形体训练法。3 小时以上纹丝不动，头型不正别针子、身体上挺顶帽子、腰不当家别棍子、双腿不紧夹牌子……

练正步时，仪仗队会用尺子丈量、秒表测算、DV 机跟拍等方式及时纠正偏差。为达到"踢腿生风、落地砸坑"的标准，仪仗队员小腿上绑着 4 公斤的沙袋训练，一踢就是成百上千次。有人做过计算，发现每个队员每年至少穿破七双皮靴。

2015 年，在中俄两次阅兵任务中，阅兵方队"擎旗手"、中队长张洪杰为了练好眼神，经常迎着阳光、盯着灯光、瞄着火光苦练，一瞪就是十几分钟。最终，张洪杰可以做到沙打不迷、虫叮不闭，行注目礼 3 分钟不眨眼。

三、学好正步，走好人生

正步是仪仗队的基本步伐，也是仪仗队员最基本的训练内容。正步训练是对仪仗兵智力和耐力的锻炼。一名仪仗兵一年的训练行程超过 8000 公里，服役期间踢出的正步相当于走完一次长征。

仪仗兵代表国家执行礼仪任务，肩负着国家的使命。他们代表了民族的尊严，更展现了整个军队的威武。曾经担任三军仪仗队中队长的朱振华在一篇题为"正步人生"的文章中写道："队列是有灵魂的，正步是有生命的。作为仪仗兵，走好队列就是干好事业，学好正步就是走好人生。"这既是他当年参与阅兵时的铮铮誓言，更让我们深深体会到了仪仗兵朴实的人格魅力和崇高的精神境界。

☞ **体验美**

京师乐学
扫码欣赏
《男士面试礼仪》

请同学们扫码观看男士和女士的面试礼仪视频，结合本节所学的知识，找出其中仪态之美的审美特征。

京师乐学
扫码欣赏
《女士面试礼仪》

面试礼仪 ➡

女士的站姿：

女士的坐姿：

男士的站姿：

男士的坐姿：

第四节　服饰之美

📎 **感悟美**

电影《花样年华》中，女主人公苏丽珍一直穿着旗袍。这些旗袍，配合演员高挑瘦削的身段，忧郁又略带疲惫的气质，对角色的心理表达与形象塑造起到了重要作用。影片有意呈现给观众一场动人的旗袍秀，冷艳浓郁的团花设计也点明了"花样年华"的主题。

📷 **走近美**

服饰是装饰人体的物品的总称，包括衣服、鞋、帽、袜子、手套、围巾、领带、包、首饰、发饰等。服饰艺术作为一种社会文化形态和现代艺术设计的重要组成部分，是人类通过服饰而使自身表现出对时代精神与物质、科技与文化、审美与实用有机结合的理解。

服饰之美一般不单独地被当作审美对象，包含设计艺术和穿着艺术两个主要方面。服饰的穿着者与服饰一起组成审美对象，并且是第一个和最重要的审美主体。审美主体与审美对象合二为一，这是服饰审美活动异于其他审美活动的重要特征。

一、服饰造型美

服饰造型的美感以人体的形态和人体工程学需求为基础。从最初的披挂式到如今的缝合式，服饰根据人体的形态产生了上衣下裳式和上下相连的袍服式造型。服装的外轮廓造型最能吸引人们的视线。一个人远远走过来，我们首先看到的就是其服装外轮廓的剪影。服装外轮廓的造型决定着服装造型的基本风格，它是服装时髦与否的分水岭，在服装流行中起着传递信息和指导方向的作用。外轮廓形式用字母表示有 H 形、A 形、T 形、X 形，由这四种基本形式又可以演变出众多形式。

（一）H 形

形如字母"H"的长方形服装外形，也称矩形或方形。这类形式具有直筒状、不收腰的特点和简洁、修长、端庄、安详的风格。

（二）A 形

上窄下宽的平直造型，也称正三角形或梯形。它通过收缩肩部、夸张下摆形成上小下大的视觉效果，给人以青春、活泼、潇洒、充满活力的感觉。

（三）T 形

形如字母"T"的服装外形，也称倒三角形或倒梯形。它通过加大肩部、收缩裙摆，体现出上大下小的效果，颇显阳刚之气。

（四）X 形

X 形的造型也称正倒两个三角形或正倒两个梯形的复合形。它通过收紧的腰部、夸张的肩部与下摆，使整体外形显得上下大中间小。X 形和女性的身体特征一致，从侧面看呈典雅的突胸、收腰、翘臀的 S 形，能够充分展现曲线魅力。

二、服饰色彩与图案美

服饰色彩与图案美最能够创造艺术氛围，引起注意，也最具感染力。无彩色系和有彩色系构成了丰富动人的色彩世界（图3-4-1）。在长期的生活实践中，人们发现红色的火苗、绿色的植物、蓝色的海洋等，可以使人联想到一系列色彩印象，并通过经验总结赋予色彩独特的意义和情感。不同的色彩能表现出热情、活泼、浪漫、俏丽、高贵、典雅、成熟等艺术情调。

以无彩色系为例。黑色最深，是世界上所有颜色混合在一起而呈现的颜色，有着冷漠、黑暗、恐怖、深渊和庄重、神秘、高雅、成熟、刚直的双重特质。白色最浅，给人净爽、高雅、神圣、纯真、贞洁、无瑕的感觉，代表光明、神圣、理想，象征宁静、平和与自由。灰色糅合了黑色与白色的优点，显得内敛、朴素、高雅、稳重、大器。和黑色与白色一样，灰色是几乎能与所有的颜色相配的百搭色。

图 3-4-1　服饰色彩美

以有彩色系为例。鲜艳的红色易激起视觉感官刺激，很容易使人有兴奋的感觉。它强烈、热情、奔放，积极向外辐射，引人注目。红色代表了革命，有时象征着危险。黄色最明亮，显得轻盈、飘逸、跃动、高傲、敏感、灿烂，能快速引导视线，如阳光般耀眼，象征着明朗、阳光、希望。绿色对视觉无刺激，能引起舒适感，是代表娴静、温和、青春、环保、生命的颜色。蓝色犹如大海般深邃，能很好地表现清纯、冷静、诚实、理智等。紫色游移于冷暖之间，灰紫色有苦涩、忧郁及孤独感；淡紫色优美、柔和，充满浪漫和神秘，惹人遐想；浓紫色则显得神秘优雅。咖啡色属于中性暖色调，它庄重而不失雅致，是一种比较含蓄、低调的颜色。

中国传统服装色彩受阴阳五行影响，有青、红、黑、白、黄五色之说。五色被视为正色，其余颜色则为间色。婉妙、雅致、鲜艳、高纯度、强对比是传统服饰的配色方法，强烈的对比色在金、银、黑、白等中性无彩色的搭配下显得自然融洽，使服饰呈现富丽堂皇、浑朴大方的民族气质。

图 3-4-2　服饰图案美

服饰图案美（图3-4-2）主要表现在三个方面。首先，是自然美。自然美是一种自在的美。其次，是艺术美。设计图案时，按照审美需求应用形式语言对纹样进行加工。最后，是社会美。服饰图案的社会美内涵最为丰富。通过长期的实践与积累，服饰图案逐渐具备了符号的性质，发挥着标识、象征、寓意和抒情的功能，形式有单独纹样、二方连续、四方连续、角隅纹样等。图案的造型、构图、色彩等既统一又有变化，不存在没有变化的图案。在传统与创新方面，一些中国设计师巧妙地把剪纸元素运用到自己的设计中，让世界领略到中国剪纸艺术的深厚文化内涵。

三、服饰材料美

服饰的材料美可以分为材料自身的美感和各种材料搭配组合的美感。服饰材料包括棉、麻、毛、丝、混纺、化纤、皮革、金属、树脂、塑料等。

（一）天然纤维

天然纤维是自然界中具有纺织价值的纤维材料，主要指以棉、麻纤维为原料，经过纺织、染整等工序加工而成的产品。棉、麻纤维有良好的服用性能，如吸湿透气性好、穿着舒适、光泽柔和、保暖性好、染色性好，并且不宜产生静电。

（二）动物纤维

动物纤维是以蚕丝、羊毛、兔毛、驼毛等为主要原料，经过纺织、染整等工序加工制成的产品，也叫丝织品或毛纺织物。

丝织品光泽自然，柔和明亮，悦目而不刺眼；手感滑爽有弹性，悬垂飘逸；透气吸湿，保暖性突出，易染色。其中，真丝与人体有极好的生物相容性。真丝服饰轻薄柔滑，有着雅润含蓄的天然光泽。

羊毛织物蓬松柔软，保暖性、耐热性好，耐磨抗皱。粗纺羊毛质地疏松，适合用针织工艺织造羊毛衫、毛裤，围巾、手套等；精纺羊毛质地细腻，光洁挺括，适合做西服、礼服、大衣等。

皮革分为带毛的兽皮和去毛的兽皮，带毛的兽皮称皮草，去毛的兽皮称皮革。

（三）化学纤维

化学纤维是用天然的或人工合成的高分子物质为原料，经过化学或物理方法加工而制得的纤维的统称，可分为人造纤维与合成纤维。人造纤维主要有粘胶纤维、醋酸纤维、铜氨纤维和人造蛋白质纤维等。大豆纤维、竹纤维、莫代尔、莱赛尔等人造纤维服用性能非常好。

合成纤维是以人工合成的高分子化合物为原料制成的化学纤维，常见的有聚酯纤维、腈纶、丙纶、氨纶、涤纶、锦纶等。

不同的材料构成了丰富多彩的服饰世界。随着科技和纺织业的发展，新的服饰材料也在不断涌现，特别是一些混纺面料经过技术处理，能产生丰富多变的视觉效果，在增强服用性能的同时适应服饰审美发展的需要。

> **学与悟**
>
> 不同的织造方式会产生不同的质地和质感。例如，衬衫主要是平纹织物，牛仔裤主要是斜纹织物，背心、家居服、T恤、运动衣裤、卫衣等主要是针织物。请同学们看一看、摸一摸，比较它们的差异。

四、服饰工艺美

服饰的工艺美指服饰经过缝制、熨烫和后整理的加工技术而呈现的漂亮外观。缝制指根据具体的服饰造型，运用科学的、规范的工艺流程，对衣片进行加工制作。在缝制过程中，手针和熨烫是重要的辅助手段并贯穿整个缝制过程。工业的发展促进了服装生产设备的更新，带动了服饰加工旧工艺的改进和新工艺的产生。例如，用激光镂刻机镂刻的图案，切口平滑、自动收口、无变形，且便于设计。

数码喷绘可以打印各种图案，图像质量很高。而且它不需要制版、套色等程序，不受批量大小的局限，生产加工方便快捷，深受设计师的喜爱。

艾里斯·范·赫本的服装设计喜欢与高科技相结合，常利用新兴的工业化摄影和印刻技术挑战反功能主义的极限。例如，她将塑料材料切成条状，经由"3D打印激光烧结"做出三维立体效果，再加以人工缝纫，打造出令人震撼的视觉效果。她用冰凌似的三角片缀成的裙子，就如同被穿在身上的雕塑。即使你对服装结构不甚了解，也会为那些高科技元素与材料完美融合的设计构思惊叹，感受到时装世界之外的科技世界。

在生产过程中，为了提升条格类服装的质量，需要做到对条、对格。对齐效果已经成为衡量这类服装品质、档次的一项标准。大家不妨来观察一下这类服装前衣片和后衣片横向格、纵向条是否对称，侧缝条格是否对齐，大小袖片横向是否对格，左右两袖纵横格位置是否对称，袖子与衣身横向是否对格，领子与衣身、挂面与衣身、口袋与衣身的条格搭配是否合适等。

五、服饰搭配美

服饰搭配美指服饰形象的整体设计与协调。服饰搭配既与服饰本身有关，又与穿着者、环境等密不可分。总体而言，服饰搭配包含服装款式要素、服饰配件要素、个人条件要素、环境要素、时间要素等。服饰搭配是一门综合性的艺术，它不仅是服装与饰品的组合表现，更具有一定的相对性。脱离了一定的环境、时间，脱离了着装的主体，是无所谓服饰搭配美的。

（一）服饰的造型搭配

服装造型搭配要注重长与短、宽与窄、软与硬的关系。长与短的造型搭配包括：上长下短、上短下长、上下长短一样、内外长短有差异。松与紧的造型搭配包括：上松下紧、上紧下松、内外松紧一样、内外松紧有差异。软与硬的造型搭配包括：上软下硬、上硬下软、上下软硬一样、内外软硬有差异。服装轮廓造型搭配分得开，层次分明，视觉上自然显得丰富有内涵。

（二）服饰的色彩搭配

同色搭配。色彩相近或相同，色彩明度有层次变化的搭配会显得统一和谐，如粉红配大红、墨绿配浅绿、咖啡色配米色等。同色搭配宜上淡下深、上明下暗。

类似色搭配。色环上大约在60度以内的统称类似色，如蓝与绿、红与橙。类似色搭配有一种柔和、有序、和谐的感觉，颜色的明度、纯度要错开。

中差色搭配。中差色介于对比色与类似色之间，这种搭配具有鲜明、活跃、热情、饱满的特点，变化丰富。例如，红与紫、黄与绿等既形成对比，又含有相近元素。

对比色搭配。色环上在120度至180度的色彩统称对比色。这类搭配色相感鲜明，视觉刺激性较强，会带来不安定的感觉。相互排斥的颜色搭配在一起，显得既活泼又旺盛。

主色搭配。主色搭配指选一种起主导作用的基调和主色，有不同颜色互相陪衬、相映成趣之效。主色面积要占60%以上，这样会显得主次协调，且寓变化于统一。

中性色搭配。这是一种比较流行的组合搭配方式，即加入一个颜色的对比色或加入黑色，使色彩含灰，显得中性、安定、稳重。

六、服饰时尚与个性美

衣着打扮不仅能体现文化修养，还能体现一个民族的文化状态、物质生活水平和社会时代风貌，反映着特定时期的审美习惯。

服饰的自觉、自悟、自醒、自我完善，其流行或过时，体现出服饰设计的灵魂——时尚性。服饰的时代精神与时尚观念的意义就是不停变化，这种变化反映出新形势、新思想、新环境以及人们对一切围绕在自身周围事物的新态度。服饰的时尚美归根究底是服饰迎合时代精神和社会风尚所产生的美。

服饰设计作品显示设计师的个性，有个人风格；显示某一时代的特征，有时代风格；显示某一民族的传统内在特质，有民族风格；显示某一艺术的格调和气派，有艺术风格。在服饰欣赏中，只有把握好风格，才能对作品做出适当的评价。自觉培养对服饰风格的关注，不仅可以提高审美鉴赏能力，还可以拓宽艺术鉴别的视野，避免思维方式的单一。各类服饰风格也会唤醒沉睡的审美感受，如洛可可风格、哥特风格、简约风格、前卫时尚风格、未来风格、中性风格、民族风格、运动休闲风格、浪漫甜美风格等。时尚在不停地变迁，但是风格永存。提高服饰审美品位，穿出风格也是人生的一门功课。

七、服饰礼仪美

服饰礼仪是人们在交往过程中为了表示尊重与友好，达到交往的和谐而体现在服饰上的行为规范。服饰堪称重要的名片，人们会通过不同场合的着装来体现自己的内在修养和时尚品位。在不同的时间、地点、场合恰如其分地着装既有利于沟通，也有利于建立良好的社会关系。

人作为社会的一分子，必然会受社会形态、历史文化、艺术氛围的影响。人们通过服饰打造自我形象，并在此过程中表现出对社会文化、时尚创新、民族传统的理解和应用。服饰也能反映一定时期人们的着装品位、社会制度、意识形态、美学思想、主流文化和审美倾向等。服饰是不停演变的，这种演变过程潜移默化地影响着人们的生活，也改变着人们的服饰审美。

欣赏美

我们常常遇到这样的情况：对同一服饰，由于欣赏者的审美意识、文化素质、性格、年龄、职业、人生经历、所处环境、情绪不同，其审美结论可能大相径庭。请同学们欣赏《2021 中央广播电视总台春节联欢晚会》中的《山水霓裳》节目，感受其采用的视觉技术。可以结合本节所学的知识，说一说你是否喜欢。

体验美

请同学们观察自己或朋友的服饰，结合本节所学的知识，分析其审美特征。

服饰之美 →

造型：

色彩：

图案：

材料：

工艺：

搭配：

时尚：

个性：

礼仪：

第五节 饮食之美

📎 感悟美

请观看《舌尖上的中国》。这部纪录片充分展示了中国美食的魅力。请想一想：中国饮食的魅力何在？哪些方面体现了中国饮食之美？

📷 走近美

谈到饮食，我们常说"美味佳肴"或"美食"。"美"成为饮食文化的重要内涵，是中国饮食文化的魅力所在。《说文解字》说："美，甘也。从羊从大。羊在六畜主给膳也。""美"是一个会意字，羊大则肥美。这说明"美"与饮食有着密切的关系。

中国是美食大国，饮食文化在世界上享有盛誉。这不仅是因为中国烹饪技术精湛，更是因为中国饮食具有美感。按照饮食美的存在领域与形式，中国饮食之美可以概括为"三特性"和"十美"。三特性，即表示饮食实质美的营养、卫生特性，表示饮食感觉美的技能、嗜好特性，表示饮食寓意美的附加特性。十美，即质美、味美、色美、嗅美、形美、触美、器美、趣美、境美和序美。

> **读与思**
>
> 中国是烹饪大国，传统的医食同源、食疗养生理论是中国饮食文化的重要特征。中国饮食既强调色、香、味、形之美，也注重功能之美。

一、营养、卫生特性

饮食之道，营养和卫生是重中之重，此即质美，指食品应有的营养与卫生状态所呈现的功能和品质之美。这是满足人类饮食初衷的实质所在。人类要通过饮食获取蛋白质、脂肪、矿物质、维生素、糖等物质，以维持人体的正常机能。因此，食品本身应该安全无害，食品的质美既是各种营养元素的物质载体，又是构成饮食其他美感的物质基础；离开了质美，饮食之美会变成无源之水、无本之木。

质美体现的是饮食的功能之美，强调食材和成品营养丰富、干净卫生。按照饮食生产流程，饮食质美离不开以下步骤的实施。一是食材的精心挑选。食材质量是制作美食的前提和基础。保证食材没有受到污染、没有腐烂霉变、不会威胁人体健康，这是质美的基本要求。《随园食单》就指出："大抵一席佳肴，司厨之功居其六，买办之功居其四。"二是食品的良好加工。在食品加工过程中，要保证生产环境、生产条件和生产人员符合卫生要求，并且要根据食材的特性选择配料和烹饪技法，掌握好火候，保证食品既符合现代营养学标准，同时满足引人愉悦、诱人食欲的审美需求。三是食材的有效保鲜。有些食材在存放过程中容易变质，所以必须注意保鲜，要按照相应的存放条件和时限要求进行存放。

二、技能、嗜好特性

（一）饮食之味美

美味佳肴强调"味"的重要性。大凡评价美食，"味"居其首。民以食为天，食以味为先。离开了味觉美，无论食物的色彩如何艳丽、形态如何动人、香气如何诱人，都不能被称为美食。味有单一味和复合味之分。不同的饮食主体，对味的体验亦有差异。以单一味为例，中国人习惯将味分为酸、甜、苦、辣、咸五味；日本人习惯将味分为酸、甜、苦、辣、咸、鲜六味；美国人习惯将味分为酸、甜、苦、咸、金属味、碱味六味；印度人习惯将味分为酸、甜、苦、咸、涩、辣、淡、不正常八味。复合味是指由两种或两种以上的单一味有机组合形成的味道，如鲜咸味、酸甜味、甜辣味、甜咸味、香辣味、麻辣味等。

味美不仅要以自然科学为依据，正确选用调味料并施以不同的调味手段，以提鲜、增香、除异味，进而形成纯正的单一味和复合味，而且要求各种味的搭配符合美学规律，即本味、调味、适口、合时。本味，即"一物有一物之味，不可混而同之"。这种味美源于食材本身，讲求本色美，注重自然、清新。调味，即根据原料性质因材施"调"，通过一定的技术手段，去掉食材本身的异味、邪味。这种方法被称为"隐恶"。还有一种方法是"扬善"，即通过烘托和改进烹饪手段，将食材固有的美味充分发挥出来，使原料与原料、原料与调料、调料与调料"交互见功"，达到"和合之妙"的效应，实现"一菜百做""百菜百味"的变化。也要注意到，味美是个人的主观感受，不同的饮食主体对味美的体验会有差别。"食无定味，适口者珍。"烹饪时要因时因事因人，相宜调味。

（二）饮食之色美

人们在评价美食时，常用的标准是色、香、味、形俱全，其中色美排在首位，可见色彩在饮食文化中的重要地位。搭配合理的色彩，不仅可以诱发食欲，而且能带给人审美愉悦和精神享受，实现饮食活动形式与内容的统一。

所谓色美，是指食物通过烹制和调味后显示出来的色泽及主料、辅料、汤料通过配色所呈现的视觉美。"远看色，近看形"，赏心悦目的美食色彩是引人愉悦的先导，能给人以美的享受，进而刺激食欲。

要想实现色美，一是要合理利用食材的本色。食材都有自身的色彩，如红色的辣椒、黄色的南瓜、绿色的菠菜、紫色的茄子、黑色的木耳等。在烹饪时选择恰当的食材，合理搭配颜色，能给人以视觉上的美感。例如，芙蓉鸡片红绿原料相配，并衬以白色，醒目美观。二是要通过烹饪技法进行调制，如油炸的金黄色、卤制的红褐色等。

（三）饮食之嗅美

饮食之嗅美指食物以香气刺激鼻腔所呈现出来的嗅觉美。嗅美的独特之处在于能够引起情感冲动和思维联想，进而使人产生强烈的食欲，起到"先香夺人"的效果。

嗅美一是源于食材本身具有的天然香味或经过加工而挥发出来的香味，如肉香、瓜果香、蔬菜香、谷物香等；二是要在烹调过程中加入调味料，并对火候、时间等因素进行控制，如炸以酥香引人、爆以浓香诱人、拌以清香袭人、烤以焦香迷人、炒以芳香惹人、糟以酒香醉人等。不同的烹饪技法、不同的调味品比例、不同的火候会产生不同的香味，这也是中国饮食的魅力所在。

嗅美可分为多种香型，主要包括浓香（如烤鸭）、清香（如清蒸鱼）、芳香（如松子肉）、醇香（如醉虾）、异香（如臭豆腐）、鲜香（如清炒莴苣）、甘香（如甜烧白）、幽香（如各种以花为原料的菜肴）、干香（如熏鹅）等。

（四）饮食之形美

所谓形美，是指食品制作完成后在外表形态、造型、图案以及内在结构等方面所呈现出来的视觉美（图 3-5-1）。成功的菜品，不但味道要美，更需要表现出形美。

饮食之形美分为三种。一是保持食材的自然形态，需要选用恰当的餐具进行配合。例如，烧鸡、清蒸鱼无需过多雕饰，只要充分利用食材固有的形态，就能增添自然之趣，给人以天真可爱之感。二是配合餐具形态，将食物摆放成有规律的几何形状，如圆形、椭圆形、半圆形、扇形、方形、梯形、锥形。这能带来简洁、明快、大方的美感。三是

图 3-5-1　饮食之形美

采用绘画、雕塑手法展现的象形形态，常见的有模拟动物、花卉、建筑等。例如，面点类食物被捏成小鸡、小鸭的样子，冷盘被拼成蝴蝶、凤凰、孔雀状或亭、台、楼、阁，有的食材被雕刻成牡丹、月季、兰花、荷花、宫灯等，追求美观精巧、吉利高雅，给人以逼真酷似的惊奇和喜悦。

（五）饮食之触美

所谓触美，是指在进食过程中食物的物质组织结构性能作用于人的口腔所呈现出的口感美。饮食的味美是依靠味蕾去感知的化学味，触美所反映的则是物理味，如"海气冻凝红玉脆"（元代谢宗可《海蜇》）中的"冻"与"脆"、"玉脂如肪粉且柔"（明代屠本畯《蹲鸱》）中的"粉"与"柔"、油爆双脆要求的"脆"、冰糖湘莲要求的"糯"、东坡肉要求的"酥烂"等，都是饮食触美的具体体现。

学与悟

中国饮食文化历史悠久，很多文学作品中都有描述美食的内容，如《红楼梦》。有的菜名还与文学家直接关联，如东坡肉等。请同学们查阅相关资料，通过文学作品欣赏饮食之美。

饮食之触美分为三种。一是由温度引起的凉、冰、冷、温、热、烫等，即人们对食物温度的感知。二是舌的主动触觉和咽喉咽食时的被动触觉对刺激的反应，如对食物大小、厚薄、长短、粗细等外形的感知，对食物清爽、厚实、柔韧、松脆等品质的感知。三是由牙齿主动咀嚼引起的动觉美，这是饮食触美的主要来源，如嫩、脆、酥、爽、软、烂、滑、松、粘、硬等单一触感，以及脆嫩、软嫩、滑嫩、酥脆、爽脆、软烂等复合触感。

三、附加特性

（一）饮食之器美

图 3-5-2　饮食之器美

所谓器美，是指食物与食器合理搭配所呈现出来的美（图3-5-2）。"金樽清酒斗十千，玉盘珍羞直万钱。"可见，美酒要配"金樽"，珍馐要配"玉盘"。袁枚在《随园食单》中说："古诗云：'美食不如美器'。斯语是也。"可见，盛放食品的器皿在饮食活动中有着举足轻重的地位。

食器种类繁多，主要有玉器、金银器、漆器、陶器、瓷器等。食器亦造型各异，或清秀大方，或玲珑小巧，或庄重典雅，或富丽堂皇，或精雕细琢，或简洁凝练，或抽象，或象形，或寓意，可谓千姿百态。在质地方面，或澄澈碧清，或类玉似冰，或温润光滑，或浑厚朴拙，各有千秋。在纹样和色彩装饰方面，食器更是百花齐放，争奇斗艳，如优雅的青花、鲜艳的红釉、洁雅的白瓷、斑斓的开片、凝重的黑瓷等。

《随园食单》曰："唯是宜碗者碗，宜盘者盘，宜大者大，宜小者小，参错其间，方觉生色。若板板于十碗、八盘之说，便嫌笨俗。"饮食之器美强调因食施器，给不同的食物搭配不同的器具。物贵者器宜大，物贱者器宜小，煎炒宜盘，汤羹宜碗，煨煮者宜砂罐。一桌佳肴，菜品与器皿协调配合、器皿与器皿协调配合、器皿与用餐环境协调配合，既能调动食客的情绪，又能满足食客的审美需求。

（二）饮食之趣美

所谓趣美，是指饮食活动中愉快的情趣和高雅的格调所呈现出来的美。在满足口腹之欲的同时，人们常常开展丰富多彩的文娱活动以渲染气氛，调动情绪。"以乐侑食"和"钟鸣鼎食"就是古人餐饮情形的写照。人们一边进餐，一边欣赏歌舞表演，能实现物质享受与精神享受的统一。

趣美是饮食之美的高级表现，是其他诸美的升华。

（三）饮食之境美

所谓境美，是指就餐环境的布置格局所呈现出来的美。优美的餐厅环境、秀美的自然风光，在就餐前能起到"未成曲调先有情，未尝美食先得意"的作用。

餐饮环境既有自然环境，也有人文环境；既有大环境，也有小环境；还有大环境下的小环境。例如，颐和园中的听鹂馆（图 3-5-3）坐落于文化内涵深厚、风景优美的颐和园大环境之中，内部又形成独具特色的小环境。置身其间用餐，既能享受美食，又能欣赏美景。

图 3-5-3　听鹂馆

杭州西湖的楼外楼坐落于风景优美的孤山之麓，像一颗明珠镶嵌在山光水色之中。"一楼风月当酣饮，十里湖山豁醉眸。"这多少让人觉得，不上楼外楼，似乎就没有真正领略到杭州的美食。

饮食环境无固定模式，也不强求物质方面的豪华，关键在于顺应自然、因势利导，达到和谐协调、恰到好处的意境。美食加美景，能更好地调动人的审美器官，使审美情趣和审美感受达到更高的境界。

（四）饮食之序美

所谓序美，是指宴席佳肴在原料、温度、色泽、味型、浓淡等方面的合理搭配，科学的上菜顺序，宴饮设计和饮食过程的和谐与节奏化程序所呈现出来的美。在宴席设计的角度，应该用形式美法则表现出序美；在宴席欣赏的角度，应体现和谐而富于节奏的序美。

宴席的上菜顺序会直接影响宾客的就餐情绪乃至整个宴席的效果。上菜顺序一般如下：凉菜（序曲）—热菜（菜品较多，初入高潮）—主菜（名菜贵菜，最高潮）—汤菜、甜点—水果（尾声）。这样的上菜顺序会形成一定的韵律，表现出饮食之序美。

欣赏美

饮食之美自古有之。如果我们从美学角度看待中国美食，从审美角度欣赏中国美食，从美感角度品尝中国美食，自然会得到与众不同的审美感受。

满汉全席是清朝时期的宫廷盛宴，既有宫廷菜肴之特色，又汇聚了地方风味之精华。名菜之多、味道之美、色形之佳、原料之精、菜品之雅使满汉全席成为中华饮食文化的瑰宝。

满汉全席取材广泛，既有山珍海味，也有风味独特的普通食材。满汉全席集中华饮食文化之大成，要求百菜百味，色、香、味、形、意、触俱全。以满汉全席的金字招牌烤全羊为例，要先将羊里里外外清洗干净，经过多道工序烹制后将整羊卧放于特制的盘子上，羊角系红绸布。成品烤全羊色泽油亮，皮脆肉嫩，肥而不腻，酥香可口。

满汉全席在强调色、香、味、形、意、触的基础上，也追求器、趣、境、序之美。大到就餐地点的自然环境、餐厅的字画装饰，小到餐具的寓意、尺寸、纹饰、颜色等，都有讲究。宴席流程、上菜礼仪、背景音乐，也是满汉全席不可分割的组成要素。只有将这些方方面面都做到位，才可以被称为满汉全席。

体验美

请同学们阅读《红楼梦》，结合本节所学的知识，找出其中饮食之美的审美特征。

《红楼梦》中的美食 ➡

营养、卫生特性：

技能、嗜好特性：

附加特性：

第六节　居所之美

感悟美

请扫码欣赏流水别墅。这是建筑大师赖特设计的一栋坐落于自然山水中的别墅。它就像是在原地生长出来的，与周边自然环境融为一体。请想一想：你从中看到了哪些动人的设计细节？居所之美体现在哪些方面？

扫码欣赏
流水别墅

📷 走近美

随着生活水平的提升，人们开始对居所环境提出更高的要求。在不同地域环境、行为习惯及审美品位的影响下，独具特色的居所美学出现了。居所之美内涵丰富，既是居所空间造型、光线、色彩、材质的统一和谐之美，也是不同地域环境的风格之美，更是若干年后持续的感动之美……

一、居所空间之美

老子曰："凿户牖以为室，当其无，有室之用。"这句话阐明了实体与空间的关系。居所作为人们的日常生活之地，既能遮风挡雨，也是人们心灵和精神的暖窝。

（一）居所空间造型之美

人类从穴居、巢居发展出当代各具特色的居住类型。从紧凑温馨的小型公寓到简洁时尚的高层住宅，再到层次丰富的多层别墅等，这些无不展现出居所空间造型的丰富多彩。居所空间造型要适应不同年龄段人群审美的差异。一般来说，儿童居室多采用童趣造型，为儿童打造梦想小屋；老人居室注重圆润的造型设计，凸显安全、舒适的人文关怀。四季交替，时光流转，总有一处居所让人们为之心动，驻足停留。例如，庄子玉设计的安徽铜陵山居位于皖北一个偏远山村，整个屋面以青瓦覆盖，与现有的古村落既融合又形成对比，造型别致。马岩松主持设计的加拿大高层公寓能朝着不同角度旋转，唤醒了人们对自然的憧憬，成为当地新地标，被誉为"梦露大厦"。

（二）居所空间光线之美

建筑师安藤忠雄说："空间的创造即是对光之力量的纯化和浓缩。"的确，光线塑造着空间，让居所空间变得奇妙多样（图3-6-1）。随着光线的变化，居所空间或是静谧，或是浪漫，或是温情……光自然地融入生活场景，进入人们的内心深处。

居所空间光线的塑造离不开自然光线和人工照明，人工照明中顶灯、壁灯、台灯等多种形式的灯具搭配，直接、间接照明方式的设计以及不同色温、亮度光源的调控，为居所环境

图 3-6-1　光线之美

创造了多种可能性，形成虚实、强弱、冷暖等多种空间格调。清晨伴随着朝阳升起，一缕缕阳光洒入卧室，照亮了人们新一天的生活；傍晚餐厅开一盏橘色的吊灯，在暖暖的光线中，一家人团坐桌旁，其乐融融；夜间开启书房的阅读灯，翻阅自己喜欢的书，远离喧嚣，尽享静谧之美。

（三）居所空间色彩之美

色彩对居所空间的重要性不言而喻。从古至今，色彩的流行物化在社会生活的方方面面，居室也不例外。红色陶土装饰出现在仰韶文化居室遗址中；黑、红、金、绿、蓝等色彩是古代帝王居所的常见色，厚重而绚丽。

居室空间色彩涉及心理学、环境学、文化学等诸多学科的知识，包含色相、纯度、明度等要素特征，能影响居住者的心理变化。研究表明，色彩具有自己独特的精神价值。现实中，我们要处理好居所色彩的调和，考虑年龄、性别、职业、文化背景、审美品位的差异。设计师也可以通过提炼传统文化中壁画、服饰、器物的色彩元素，同时结合时代色彩流行趋势，提升居室空间的色彩美。单一色彩容易使人视觉疲劳，感受到压力，多样色彩的有机配比更易让人身心放松。例如，餐厅、客厅等温馨空间多有橙色、粉色系设计；书房区域多有象征生命的绿色系设计；卧室休息区域多有浪漫、典雅的蓝色系设计。设计师能通过色彩创造美的视觉享受。普利兹克建筑奖获得者路易斯·巴拉干采用了具有墨西哥风情的不同明度的粉色、黄色和紫色，使房屋在光线照射下产生梦幻般的诗意，传达出空间的意境之美。

（四）居所空间材质之美

不同材质给人不同的视觉、触觉感受，材质也诠释着居所空间独特的魅力。光滑的材质尽显流畅之美，粗糙的材质散发着古朴之美。材质等能丰富人的感官体验，是居所美学的物质基础之一。

居室空间材质种类繁多，广泛使用的有木材、石材、金属、织物等。木材是中国古代建筑的主要材料，其优美的纹理、舒适的触感及多样的造型，能给人以自然、温馨、安全之感（图3-6-2）。至今，木地板、木家具、木隔断等仍有广泛的应用。芬兰设计师阿尔瓦·阿尔托设计的卡雷住宅，在顶棚、地面、墙面等处使用木材装饰设计，营造出独具地域气息的居所环境。石材是西方古代建筑的主要材料，从古埃及金字塔到古希腊、古罗马的柱式、拱券，再到哥特式教堂，无不使用石材建造。发展到现代，石材从传统受力作用扩展出美化装饰作用，它的种类、色泽、纹理、透明度千差万别，折射出持久、稳固、厚重的美学品质。玻璃和钢材是工业革命以来建筑材料的一大突破，玻璃的晶莹透亮与钢材的坚固有力形成对比，创造出优雅、时尚、现代的居所环境（图3-6-3）。织物作为与人体密切接触的材料，是居所软装设计的重要内容，窗帘、挂毯、地毯等影响着居所文化品质，其柔软的质地给人以温馨、亲切、怀旧之感。近年来，绿色环保材料、高科技纳米材料、自清洁除臭材料的出现为居所空间带来了更好的品质。设计师通过材料的组合搭配，将历史传统与现代时尚结合起来，不断创造出优雅、愉悦、律动的居所氛围。

图 3-6-2　居所内部木结构顶面

图 3-6-3　居所内部玻璃隔断

二、居所风格之美

"风格即生活。"居所风格大多延续了建筑风格，是在特定地域环境下长期积淀而成的。居所风格是居住者生活习惯、经济状况、职业特征、美学修养、装修品位的综合体现，既包含居所硬装空间创意设计，也包含软装配饰的合理选择。当前居所主要的设计风格有中式风格、欧式风格、现代风格、田园风格、混搭风格等。

（一）中式风格

中式风格源于中国古代建筑文化，代表着对中国传统文化及地域文脉的传承与创新，表现出沉稳、厚重、端庄、含蓄的东方意境之美（图3-6-4）。

在造型方面，中式风格讲究空间的层次感，多用屏风、博古架来划分空间区域，借鉴中国传统园林造园手法，营造"步移景异"的空间特征，辅以带有方格纹、冰裂纹、葫芦纹、梅花纹等传统纹饰的窗棂，尽显朦胧之美。在色彩方面，中式风格可以是黑白灰色系，表达中国画的水墨意象，通过局部留白产生空灵之感；可以是象征喜庆、吉祥的中

图 3-6-4　中式风格

国红色系；可以是华丽的金色系或是青花瓷的蓝色系，优雅大气，意境深远。在家具陈设方面，中式条案、罗汉床、格栅等多以深色为主，色调沉稳，延续古典家具造型之美、结构之美，并融入现代家具简洁之美，结合绘画、书法、瓷器、盆景、古玩、宫灯等配饰，形成中式生活场景。

中式风格又分为中式古典风格和新中式风格。中式古典风格具有浓厚的传统韵味，讲究空间布局的对称及秩序，大胆使用传统木构建筑的天花、雀替、挂落等造型元素及博古架、几案、座椅等家具样式，体现整体庄重的中式美学。新中式风格则基于现代审美观，传承古代建筑文化精髓，彰显居所的时代气息。这种风格多用简洁硬朗的直线条座椅、磨砂雕花的玻璃门扇、金色窗棂的隔断等营造出时尚简洁的空间意境。

（二）欧式风格

欧式风格主要源于古希腊、古罗马建筑文化，在中世纪、文艺复兴时期、古典时期等均有发展。它既有巴洛克风格的奢华之美，也有洛可可风格的细腻之美（图3-6-5）。

欧式风格强调空间的雕塑感及光影之美，吸收欧洲传统的柱式、线脚、拱券、穹顶等造型元素，多以壁炉为中心，形成古典对称式构图；室内色彩丰富，既有地中海的蓝白色系，也有北欧的原木色系，还有宫廷的金白色系等，具有很高的识别度；家具配饰方面，多使用宫廷椅、帷幔床等不同时期的家具样式，配以波希米亚挂毯、印象派油画、人像雕塑、罗马帘、烛台等，烘托出特定时期的居室

图 3-6-5　欧式风格

审美趣味。

欧式风格有着明显的地域特征，包括英式、法式、意式、地中海、北欧等风格。英式风格自然优雅，常见苏格兰格子、小碎花图案装饰的墙面或软装布艺；法式风格舒适安逸，常用华丽的金色、优雅的白色、纯净的紫色传递浪漫气息；地中海风格是欧式海洋风格的典型代表，居室中灯塔、贝壳、海星之类的装饰，在蓝白色调的映衬下让人感受到碧海蓝天的浪漫情调；北欧风格以自然简洁著称，成功将自然的原木风格融入现代居室生活。

（三）现代风格

现代风格源于20世纪包豪斯学派倡导的设计风格，设计从功能出发，展现空间的光影变化，造型简洁流畅，契合居所空间舒适、实用的使用需求（图3-6-6）。

密斯"少就是多"的设计哲学也是现代简约风格的核心，即通过简洁的空间形式表

达理性的价值追求。居所墙面、顶面、地面空间从使用需求出发，避免多余装饰，通过形体穿插组合，相互渗透、流动。为展现居所空间个性，现代简约风格用色大胆，常会加入高级灰、苹果绿、海军蓝、沙滩黄等高纯度色彩进行点缀。家具配饰方面，现代简约风格选用以木材、玻璃、金属及合成材料为主的简约家具，讲究线条的流畅及材料质感的表达，配以现代风格的靠垫、窗帘、装饰品等，在多层次布光环境下实现空间的雅致之美。中国设计师梁志天的住宅设计就很好地展现了现代简约风格，室内空间简约流畅、色彩和谐，充分体现出简约的生活态度。

图 3-6-6　现代风格

除了现代简约风格，现代工业风格也受到越来越多年轻人的喜爱。现代工业风格源于 19 世纪的工业风格，最早是设计师对废旧厂房或仓库进行翻新，将其改造为艺术家工作室、住宅、餐厅等功能场所，有意暴露钢结构、金属构件、管线等元素。居所空间的现代工业风格常常使用水泥墙面、砖墙面、金属栏杆等，配以做旧的木材、皮革家具，给人以硬朗的个性化美学享受。

读与思

动线即人们日常活动的轨迹，既包含就餐、洗漱、外出、劳务等活动轨迹，也包含客人来访的活动轨迹。

（四）田园风格

随着城市生活节奏的加快，人们变得渴望悠然的田园生活，而田园风格所倡导的回归自然很好地契合了这一需求，表现出清新、悠闲、舒畅之美（图 3-6-7）。田园风格按地区特征可分为中式田园、英式田园、法式田园、美式田园、东南亚田园等类型。

田园风格常使用石材、木材、织物、绿植搭配设计，凸显自然、清新、淡雅的田园气息。居所空间多以仿古地砖、天然板岩为界面材料，烘托返璞归真的田园氛围。家具陈设方面，藤条椅、竹凳展现出天然木材的自然柔美，棉、麻布艺制品的质感恰好与田园风格契合，碎花壁纸、铁艺扶手与自然氛围相得益彰。鲜花绿植是田园风格不可缺少的元素。在阳台布置一处绿植景观或盆栽区域，夏日坐在窗前，闻着花香，眺望远方，别有一番雅趣。

图 3-6-7　田园风格

（五）混搭风格

进入 21 世纪，各种时尚文化、科技元素、前卫艺术不断进入居室设计领域，混搭成为重要的流行趋势。混搭风格绝不是元素的堆砌，而是一种互补与融合（图 3-6-8）。

20 世纪 60 年代，受到波普艺术的影响，设计领域出现了反对现代风格的后现代流派，对现代主义功能至上、缺乏感情的理性主义进行批判，强调设计的装饰性、隐喻性、地域性。这类设计宁愿元素混杂，也不要简单纯净；宁愿造型扭曲复杂，也不要直截了当，常常对古典柱式、山花等进行叠加、错位、裂变处理，创造出一种感性与理性、传统与现代相融合的风格。建筑师文丘里为母亲设计的栗子山住宅就是这种风格的典型代表：摒弃现代简约风格，将历史元素融合在室内外空间设计中，添加大量装饰细节，以引人思考。

现代居室设计中，混搭风格多将不同地域、历史时期的设计元素统一起来，进行色调、造型方面的匠心整合。例如，中式月亮门、垂花门、雕花窗、隔断元素及配饰和西式壁炉、拱门、罗马柱、多级吊顶元素及配饰混搭，传统木构元素与当代技术元素混搭，创造多元和谐之美。

图 3-6-8　混搭风格

欣赏美

居所作为人们日常生活的重要空间，有着许多设计典范。下面展示中外两个经典设计案例，让我们一起来欣赏居所之美。

一、现代风格住宅经典之作——流水别墅

流水别墅（图 3-6-9）位于宾夕法尼亚州郊区的熊溪河畔，内外空间处理堪称经典，建成于 1935 年。

别墅共三层，以起居室为中心，延续了设计师赖特草原式住宅风格特征。悬挑平台高低错落，块体交叉组合，形成一种雕塑感。悬挑平台下溪水汩汩流出，别墅与自然环境融为一体。别墅内部，地面上铺着厚蜡石板，光线照进来时，产生

图 3-6-9　流水别墅

涟漪般的朦胧美。通过悬挂的楼梯，居住者可以来到溪流旁，和大自然亲密接触。空间的光线、材质被赖特发挥到极致，丰富了居住者的感官体验。

二、中式住宅的创新探索——山水间别墅

山水间别墅（图 3-6-10）又称"二分宅"，位于北京水关长城脚下，依山就势，环抱山谷。它由建筑师张永和主持设计，是对中式住宅的一次创新探索。

设计师从三方面阐释了居所设计理念。一是转译传统北京四合院，将四合院的理念引入住宅设计。别墅形体一分为二，形成了半围合的自然院落空间，能与自然环境对话。二是建立一个灵活的布局原型，互成角度的两翼形体可依地形而变化，出现"一字宅""平行宅"等形态，具有可复制性。三是注重对生态环境的保护及地域材料的应用，传承中国以土木为主要建筑材料的传统，使用改良的传统夯土技术砌筑墙体，形成冬暖夏凉的居室环境。

图 3-6-10 山水间别墅

👉 **体验美** ·································· ●●●

请同学们欣赏安徽铜陵山居，结合本节所学的知识，找出其中居所之美的审美特征。

扫码欣赏
安徽铜陵山居

安徽铜陵山居 ➡

居所空间造型：

居所空间光线：

居所空间色彩：

居所空间材质：

居所设计风格：

第四课　文学艺术之美

第一节　诗歌之美

📎 **感悟美**

　　请朗诵林徽因的《你是人间的四月天》。这是一首集音乐美、绘画美、建筑美于一体的新诗。请说一说：这首诗的音乐美、绘画美、建筑美分别体现在哪些地方？

📷 **走近美**

　　诗歌是通过有节奏、有韵律的语言集中反映生活、抒发情感的文学体裁。诗歌与音乐、舞蹈都源于上古时期的劳动号子和祭祀颂歌。中国诗歌经历了古代诗歌和现代诗歌两大发展阶段。古代诗歌通常包括诗、词和散曲，其中诗又有古体诗和近体诗之分。现代诗歌产生于新文化运动时期，使用白话，也被称作新诗或新体诗。

　　何其芳在《关于写诗和读诗》中说："诗是一种最集中地反映社会生活的文学样式，它饱和着丰富的想象和感情，常常以直接抒情的方式来表现，而且在精炼与和谐的程度上，特别是在节奏的鲜明上，它的语言有别于散文的语言。"这段话很好地概括了一般诗歌的特点。

一、情感之美

　　人们生活在大自然中，感受着春、夏、秋、冬的交替。春花秋月、夏雨冬雪会引起人们喜怒哀乐的情感，人们有时会用诗歌的形式将其表现出来。人们生活在社会中，各种社会现象和人伦关系常会引起人们的爱恨离愁，诗歌便成为人们情感的载体。

（一）自然情之美

　　敏感的诗人总是为美丽春天的逝去而伤感（图4-1-1），为肃杀秋天的到来而悲伤（图4-1-2），"伤春悲秋"成为中国传统诗歌的重要情感内涵。"一片花飞减却春，风飘万点正愁人。""数声鶗鴂，又报芳菲歇。惜春更把残红折。""春归何处？寂寞无行路。

读与思

　　新月派是中国现代新诗史上一个重要的诗歌流派，主要成员有闻一多、徐志摩、朱湘、饶孟侃、孙大雨、林徽因等。闻一多提出了著名的"三美"主张，认为诗歌要追求"音乐美、绘画美、建筑美"。音乐美指诗歌的音节和韵脚的和谐。绘画美指诗歌用词注意色彩搭配，形象鲜明。建筑美指诗歌节的匀称和句的均齐。

若有人知春去处，唤取归来同住。"此为伤春也。"悲哉秋之为气也！萧瑟兮草木摇落而变衰。""秋风萧萧愁杀人，出亦愁，入亦愁。""秋花惨淡秋草黄，耿耿秋灯秋夜长。已觉秋窗秋不尽，那堪风雨助凄凉。"此为悲秋也。当然，隐藏在伤春悲秋情感之后的，常常是年华已逝、功业无成、离家远别的孤独凄凉。

　　伤春悲秋之外，亦有"喜春乐秋"之作。"春眠不觉晓，处处闻啼鸟。夜来风雨声，花落知多少？"这首诗有惜春之意，但更多的是对美好春天的热爱之情。"春色满园关不住，一枝红杏出墙来。""迟日江山丽，春风花草香。泥融飞燕子，沙暖睡鸳鸯。""几处早莺争暖树，谁家新燕啄春泥。"这是多么美好的春日之景，表达了诗人享受春光的愉悦心情。"自古逢秋悲寂寥，我言秋日胜春朝。晴空一鹤排云上，便引诗情到碧霄。"刘禹锡的《秋词》一反悲秋传统，讴歌秋天的美好，表现出乐观向上的情感。

图 4-1-1　春花图

图 4-1-2　秋叶图

（二）家国情之美

　　"死去元知万事空，但悲不见九州同。王师北定中原日，家祭无忘告乃翁。"读到陆游的临终绝唱，我们不禁会被其中至死都在惦念收复失地的爱国情怀深深打动。家国情怀是中国诗歌亘古不变的主旋律，体现出中华儿女对国家对人民深沉博大的爱。不同时代的家国情怀，具体内容会有不同，但都能激起读者心中崇高的感情。屈原《离骚》中"长太息以掩涕兮，哀民生之多艰"对百姓的关怀，"仆夫悲余马怀兮，蜷局顾而不行"对故土的眷恋；杜甫"三吏""三别"中对遭受战争之苦的百姓的深切同情；辛弃疾词中"了却君王天下事，赢得生前身后名"的愿望，"把吴钩看了，栏杆拍遍，无人会，登临意"的悲愤；林则徐"苟利国家生死以，岂因祸福避趋之"的坚毅；艾青"为什么我的眼里常含泪水？因为我对这土地爱得深沉"的赤诚；余光中"乡愁是一湾浅浅的海峡，我在这头，大陆在那头"的思念，都涤荡着我们的灵魂，让我们在吟咏中感受家国情怀。

（三）人伦情之美

　　爱情、友情、亲情等人伦之情常出现在诗歌中。爱情也许是古今中外的诗人歌唱得最多的情感。古往今来，有多少美丽的爱情之歌啊。那"过尽千帆皆不是，斜晖脉脉水悠悠。肠断白蘋洲"的等待与失望，那"春心莫共花争发，一寸相思一寸灰"的思念，那"曾经沧海难为水，除却巫山不是云"的忠贞，那"执手相看泪眼，竟无语凝噎"的凄楚，那"我必须是你近旁的一株木棉，作为树的形象和你站在一起。根，紧握在地下；

扫码欣赏
《中外爱情诗歌
选读》

叶，相触在云里"的爱情追求，那"我记得那美妙的一瞬：在我的面前出现了你，有如昙花一现的幻影，有如纯洁之美的天仙"的赞叹，将爱情的滋味描摹殆尽，让我们在爱情的美好与忧伤中沉醉。

真挚的友情和浓厚的亲情同样动人心弦，当我们读到"劝君更尽一杯酒，西出阳关无故人""海内存知己，天涯若比邻""夜雨剪春韭，新炊间黄粱。主称会面难，一举累十觞。十觞亦不醉，感子故意长"时，当我们吟诵"独在异乡为异客，每逢佳节倍思亲""谁言寸草心，报得三春晖""母亲呵！天上的风雨来了，鸟儿躲到它的巢里；心中的风雨来了，我只躲到你的怀里"时，又怎能不被文字中深挚的情意打动。

二、意象与意境之美

（一）意象之美

意象是融入了诗人主观情意的物象。客观物象是意象的基础，一旦进入诗歌，必然带上诗人的主观色彩，变成附带着诗人情感、思想、意志的意象。有些物象在历代诗人的反复吟咏中成为具有象征意义的经典诗歌意象，如被称为"四君子"的梅、兰、竹、菊。"墙角数枝梅，凌寒独自开。""无意苦争春，一任群芳妒。零落成泥碾作尘，只有香如故。"坚贞孤傲之梅也。"孤兰生幽园，众草共芜没。""幽兰在山谷，本自无人识。只为馨香重，求者遍山隅。"幽香贞静之兰也。"数茎幽玉色，晓夕翠烟分。声破寒窗梦，根穿绿藓纹。""咬定青山不放松，立根原在破岩中。千磨万击还坚劲，任尔东西南北风。"劲节萧疏之竹也。"秋菊有佳色，裛露掇其英。""秋丛绕舍似陶家，遍绕篱边日渐斜。不是花中偏爱菊，此花开尽更无花。"凌霜高洁之菊花也。这些经典诗歌意象蕴含着深厚的民族文化精神。

学与悟

一个诗人往往有自己偏爱的意象，其创作风格也与他常用的意象群有很大的关系。这在诗歌史上是常见的现象。你还能举出其他一些例子吗？

一个诗人往往有自己偏爱的意象，诗人的风格也与他常使用的意象群有很大的关系。屈原的浪漫主义风格与他诗歌中众多的香草美人以及神话意象密不可分。陶渊明的平淡自然也与他诗中一系列关于田园生活的意象息息相关。李白喜欢使用博大夸张的意象，如"黄河之水天上来""燕山雪花大如席""白发三千丈""明月出天山，苍茫云海间""蜀道难，难于上青天"等，形成了阔朗豪放的诗风。杜甫喜欢使用情调沉郁的意象，如"玉露凋伤枫树林，巫山巫峡气萧森""波漂菰米沉云黑，露冷莲房坠粉红""万里悲秋常作客，百年多病独登台"等，形成了沉郁顿挫的诗风。

（二）意境之美

意境是指作者的主观情意与客观物境互相交融而形成的艺术境界。王国维在《人间词话》中将其称为"境界"，并区分了"有我之境"与"无我之境"。其实不管是"有我之境"还是"无我之境"，其中都蕴含着诗人的主观情意，只不过有时比较明显，有时比较隐晦。

　　和意象的个性化一样，不同的诗人在诗歌中创造的意境也往往不同。同一诗人也会由于主观思想感情和客观环境的变化，创造出丰富多样的意境。王维是唐代著名诗人，早年出使边塞时写过"大漠孤烟直，长河落日圆"这样苍凉壮阔的诗句；中年后过着亦官亦隐的生活，诗歌常表现出一种空寂幽静的意境。如《鹿柴》："空山不见人，但闻人语响。返景入深林，复照青苔上。"再如《竹里馆》："独坐幽篁里，弹琴复长啸。深林人不知，明月来相照。"再如《辛夷坞》："木末芙蓉花，山中发红萼。涧户寂无人，纷纷开且落。"这样的意境与诗人对政治失望后寄情于山水、倾心于佛教是密切相关的。

三、声律之美

（一）韵之美

　　"诗和音乐一样，生命全在节奏。"节奏在自然和生命中是普遍存在的。春夏秋冬，寒来暑往；日出月落，朝朝暮暮；月缺月圆，花开花落；心跳呼吸，循环往复。理想的节奏符合我们生理、心理的需要，能给我们带来快感和美感。

　　汉语诗歌节奏的形成，一个重要的因素是诗歌的押韵。同一个韵母反复出现会形成一种节奏。律诗和绝句要求双句押韵，大多押平声韵，要一韵到底，首句可押可不押。陆游的《临安春雨初霁》："世味年来薄似纱，谁令骑马客京华。小楼一夜听春雨，深巷明朝卖杏花。矮纸斜行闲作草，晴窗细乳戏分茶。素衣莫起风尘叹，犹及清明可到家。"其中，"纱""华""花""茶""家"为押韵的韵脚，首句入韵。杜甫的《绝句》："两个黄鹂鸣翠柳，一行白鹭上青天。窗含西岭千秋雪，门泊东吴万里船。"二四句押韵，首句不入韵。古体诗的用韵变化很多，可以句句押韵，也可以双句押韵，中间还可以换韵。现代诗比较自由，但仍有相当一部分诗歌是押韵的，节奏感较强，如徐志摩的《再别康桥》。《再别康桥》一共七节，除第五节外，每节二四句押韵，具体是第一节和最后一节的"来""彩"，第二节的"娘""漾"，第三节的"摇""草"，第四节的"虹""梦"，第六节的"箫""桥"。

（二）顿之美

　　汉语诗歌节奏的形成，另一个重要的因素是诗歌的顿。当然，这个顿并不是说声音真的停下来，而是指吟诵诗歌时声音拖长。汉语是一个字一个音节，我们在吟诵时会自然地将两个或三个音节组合在一起，形成停顿。一般四言诗会两顿，每顿两个音节。例如："关关——雎鸠，在河——之洲。窈窕——淑女，君子——好逑。"五言诗会形成二三两顿，或者二一二、二二一。例如："白日——依——山尽，黄河——入——海流。欲穷——千——里目，更上——一——层楼。"七言诗形成四三顿，或者进一步细分为二二二一、二二一二。例如："水光——潋滟——晴——方好，山色——空蒙——雨——亦奇。欲把——西湖——比——西子，淡妆——浓抹——总——相宜。"现代诗的节奏不

学与悟

同学们可以试着以按节奏和不按节奏（每个音节音长一样或者随意停顿）的方式朗诵同一首诗歌，感受哪种方式更具有美感。

可一概而论，往往结合了诗句的意义和音节的和谐。例如："撑着——油——纸伞，独自 / 彷徨在——悠长、悠长 / 又寂寥的——雨巷，我希望——逢着 / 一个——丁香一样的 / 结着——愁怨的——姑娘。"

（三）声之美

古代汉语有平上去入四声，上去入为仄声；现代汉语有阴阳上去四声，阴平和阳平属于平声，上声和去声属于仄声。平声和仄声有规律地交替和重复，可以使诗歌的音调变得和谐。古代诗歌中对平仄要求最严格的是律诗，同一句中平平仄仄相间，一联之内上下两句的平仄要相对，下联的上句与上联的下句平仄要相粘（七律前四个字的平仄相同，五律前两个字的平仄相同），句末不可出现三平或三仄，尤其是对颔联和颈联的粘对要求比较严格。杜甫的《登高》中间两联的平仄如下：

无边落木萧萧下，不尽长江滚滚来。

平平仄仄平平仄　仄仄平平仄仄平

万里悲秋常作客，百年多病独登台。

仄仄平平平仄仄　平平仄仄仄平平

可以看到，除了"百"和"多"的平仄有变化外，其余的平仄都特别标准。

现代诗对平仄没有要求，但为了音调的和谐，诗人会自然而然地使用平仄交替的句子，而不会一句全用平声或一句全用仄声。顾城的《一代人》："黑夜给了我黑色的眼睛，我却用它寻找光明。"要按现代汉语的声调标平仄，可以标为"平仄仄平仄平仄平仄平，仄仄仄平平仄平平"。

总之，押韵、停顿和平仄使诗歌具有了声律之美。

💬 欣赏美

古今中外的诗人创作了太多诗歌精品，下面我们分别以古代诗歌和现代诗歌为例来感受诗歌之美。前面我们讲到了诗歌的情感之美，但这并不是绝对的。有的诗歌不以情感取胜，而是以蕴含的思想、哲理或者对人生的感悟取胜。

一、苏轼《和子由渑池怀旧》

人生到处知何似，应似飞鸿踏雪泥。

泥上偶然留指爪，鸿飞那复计东西。

老僧已死成新塔，坏壁无由见旧题。

往日崎岖还记否，路长人困蹇驴嘶。

从题目可以看到，这首诗是苏轼写给弟弟苏辙的。北宋嘉祐六年（1061年），苏轼赴陕西做官，苏辙送他到郑州后返回开封，作《怀渑池寄子瞻兄》寄与苏轼。诗中提到两件旧事。一是苏辙十九岁时，被任命为渑池县主簿。二是他与苏轼赴京应试时路过渑池，曾同住县中僧舍，于壁上题诗。如今兄长独自前往陕西，回首往事，苏辙不免感慨万端。苏轼的这首和作既呼应苏辙原作，又阐发了深刻的人生哲理。

该诗前四句以飞鸿踏雪泥比喻人生的旅程并无固定轨迹，而生命的痕迹又像雪泥上的鸿爪，实属偶然，且很快就会消失。"雪泥鸿爪"是诗歌中最鲜明的意象，后来成为对人生偶然性和无常性的经典比喻。人生既如此，对于往昔，则不必过于怀旧，过于感慨，这里寓达观之意。"老僧已死成新塔，坏壁无由见旧题"以实例深化"雪泥鸿爪"之感。尾联回应苏辙的"遥想独游佳味少，无言骓马但鸣嘶"，有对兄弟间温情过往的回忆，也有对无常人生中珍贵情谊的肯定。苏轼写作此诗时才二十六岁，却已表现出某种通彻。彻悟之后方能淡定地对待人生，这也是苏轼一生旷达的原因之一吧。

二、徐志摩《偶然》

我是天空里的一片云，

偶尔投影在你的波心——

你不必讶异，

更无须欢喜——

在转瞬间消灭了踪影。

你我相逢在黑夜的海上，

你有你的，我有我的，方向；

你记得也好，

最好你忘掉，

在这交会时互放的光亮！

这首诗题为"偶然"，写人生中擦肩而过的爱情。诗歌描绘了两种偶然相遇的情形，一为一片云偶尔投影在水的波心，一为两只船相逢在黑夜的海上。这样的相遇注定是擦肩而过。云水相隔万里，水只因云的投影而波心浮动，然而云终将飘离，波心的讶异与欢喜也终将无果。所以诗人说，"你不必讶异，更无须欢喜"。认清现实的真相，克制心中的情感，也许才是最好的选择。相逢在海上的两只船，虽然彼此倾心，交会时互相放出了光亮，也因这光亮而照亮了彼此，然而这两只船各有各的方向，都很难为了对方调头。既然你我都要继续前行，那么，最好忘掉对方在心底留下的光亮。也许忘却，才能让我们更好地前行。这是人生的无奈，也是诗人理智的选择。即使终将错过，诗人也并没有哀伤沉痛，而是把这种偶然的相逢与错失写得唯美甚至轻快。

☞ **体验美**

请同学们朗诵陆游的《游山西村》，结合本节所学的知识，赏析诗歌。

《游山西村》 ➡️

诗歌的意象：

诗歌的意境：

诗人的情感：

诗歌的声律：

第二节 小说之美

📎 **感悟美**

请扫码阅读老舍的短篇小说《月牙儿》。请想一想：这篇小说带来了怎样的美感？这种美感是从哪些地方获得的？

扫码欣赏
《月牙儿》

📷 **走近美**

小说是通过人物、情节、环境来概括性地表现社会生活的文学体裁。一般认为，人物、情节和环境是小说的三要素。按照不同的标准，小说可以分为不同的种类。按篇幅，小说可以分为长篇小说、中篇小说、短篇小说、微型小说。按内容，小说可以分为武侠小说、言情小说、公案小说、科幻小说、玄幻小说、仙侠小说、都市小说等。按体制，小说可分为章回体小说、日记体小说、书信体小说、诗体小说等。此外，中国小说按照语言形式可分为文言小说和白话小说。欧美小说按照流派可分为现实主义小说、浪漫主义小说、批判现实主义小说、现代派小说等。

我国小说以新文化运动为界分为古代小说和现当代小说两大发展阶段。古代小说萌芽于先秦时期，神话传说、先秦诸子典籍中的寓言故事以及史书中的人物传记成为小说的源头。魏晋南北朝时期出现了以《世说新语》为代表的志人小说和以《搜神记》为代表的志怪小说，这是小说的雏形。唐代出现了《枕中记》《南柯太守传》等传奇作品，小说渐趋成熟。宋代小说主要为话本，对明清时期的小说有很大的影响。明清是古代小说的鼎盛期，出现了被称为"四大名著"的《西游记》《水浒传》《三国演义》《红楼梦》。

现当代小说又大致可以分为四个阶段。第一个阶段为新文化运动到 1949 年，即现代文学时期，出现了鲁迅、茅盾、巴金、老舍等小说大家。第二个阶段为 1949 年到 1978 年，这一时期的小说主要反映战争、土地改革、社会主义革命和建设等内容，政治性较强。第三个阶段为 1978 年到 20 世纪末，由于社会的发展以及西方文学的影响，这一时期的小说内容比较多元。第四个阶段为 21 世纪初至今，显著的特征是网络小说蓬勃发展，读者众多。

一、人物形象之美

恩格斯认为，现实主义的作品应该真实地再现典型环境中的典型人物。英国作家 E.M. 福斯特将小说人物分为扁平人物和圆形人物两种。扁平人物又称类型人物，是基于某种单一的观念或品质被塑造出来的。扁平人物性格单一突出，容易被读者识别，也容易给读者留下深刻的印象。中国古代小说中的许多人物都是扁平人物，如《三国演义》中的"三绝"（智绝诸葛亮、奸绝曹操、义绝关羽），《西游记》中贪吃好色的猪八戒、一味仁慈总是受骗的唐僧等。

圆形人物是指性格丰富且不断发展变化的人物，其性格的丰富复杂常让读者既感到意外又觉得合乎情理。以《红楼梦》中的林黛玉为例。我们一开始可能觉得她爱使小性，与薛宝钗有隔阂。后来薛宝钗去探望林黛玉，说了许多关心的话，林黛玉大为感动，承认自己往日只当薛宝钗有心藏奸，竟是错怪她了。从此，林黛玉对薛宝钗的态度由猜忌变成信任。这样的转变似乎出人意料，细想来又符合林黛玉真诚率真的性格，让我们不得不佩服曹雪芹对人物的深刻把握。

小说塑造人物形象的手段通常有以下几种。

（一）外貌描写

作家常常会对小说中的人物进行外貌描写，勾画出人物的外形特征，而这外形特征又是和人物的性格特点有机统一的。例如，曹雪芹描写林黛玉："两弯似蹙非蹙罥烟眉，一双似喜非喜含情目。态生两靥之愁，娇袭一身之病。泪光点点，娇喘微微。闲静时如姣花照水，行动处似弱柳扶风。心较比干多一窍，病如西子胜三分。"这段描写将林黛玉的多愁善感、冰雪聪明、美丽多情都展现了出来。再如列夫·托尔斯泰在《安娜·卡列尼娜》中描写安娜："她那穿着简朴的黑衣裳的姿态是迷人的，她那戴着手镯的圆圆的手臂是迷人的，她那挂着一串珍珠的结实的颈项是迷人的，她的松乱的鬓发是迷人的，她的小脚和手的优雅轻快的动作是迷人的，那热望的可爱的脸蛋是迷人的。"这样的描写与安娜充满生气、敢于追求爱情的性格也是统一的。

> **学与悟**
>
> 在阅读过的小说中，你对哪些人物的外貌描写印象深刻？你觉得这样的外貌描写跟人物的性格有什么关系？试举两个例子。

（二）心理描写

作家常常通过心理描写揭示人物的内心世界，塑造人物的性格。路遥的小说《人生》

读与思

　　《人生》是路遥的成名作，获1981—1982全国优秀中篇小说奖。小说以改革时期陕北高原的城乡生活为背景，描写了高中毕业生高加林回到土地、离开土地、再回到土地的人生经历，同时伴随着高加林同农村姑娘刘巧珍、城市姑娘黄亚萍的感情纠葛。小说对乡土中国在现代化进程中的两难抉择进行了思考。

中，高加林是 20 世纪 80 年代高中毕业的农村青年，原本在公社的学校里当民办教师，却被大队书记的儿子顶替了。这突然的打击让他痛不欲生，也激起了他强烈的走出农村的愿望。小说写道："一种强烈的心理上的报复情绪使他忍不住咬牙切齿。他突然产生了这样的思想：假若没有高明楼，命运如果让他当农民，他也许会死心塌地在土地上生活一辈子！可是现在，只要高家村有高明楼，他就非要比他更有出息不可！要比高明楼他们强，非得离开高家村不行！这里很难比过他们！他决心要在精神上，要在社会的面前，和高明楼他们比个一高二低！"这段心理描写刻画出了高加林不服输，渴望走出农村干出点名堂的性格，也为后面情节的发展做了铺垫。

（三）语言描写

　　语言是一个人性格特征的外化，我们从语言中往往能看出一个人的身份、地位和生活环境。因此，语言描写是作家塑造人物的重要手段。典型的例子即《三国演义》中曹操误杀吕伯奢一家后所说的"宁教我负天下人，休教天下人负我"以及周瑜所说的"既生瑜，何生亮"，曹操的狠毒以及周瑜的气量狭小在这里被表现得淋漓尽致。再如鲁迅刻画阿Q的性格时，为表现阿Q的精神胜利法而设置了阿Q式的语言："我们先前——比你阔的多啦！你算是什么东西！""我总算被儿子打了，现在的世界真不像样……"别人嘲笑阿Q的癞头疮，他说："你还不配……"最后，他糊里糊涂被杀头，临死前装模作样地喊出半句"过了二十年又是一个……"这些语言将阿Q刻画得生动形象。

（四）动作描写

　　作家常常通过动作描写刻画人物。例如，吴敬梓的《儒林外史》写严监生临终前说不了话，只是伸出两根手指。家人纷纷猜测何意，最后他的夫人"分开众人，走上前道：'老爷！只有我能知道你的心事。你是为那盏灯里点的是两茎灯草，不放心，恐费了油；我如今挑掉一茎就是了。'说罢，忙走去挑掉一茎；众人看严监生时，点一点头，把手垂下，登时就没了气"。这段描写生动地表现了严监生节俭到吝啬的性格。再如，巴尔扎克在《欧也妮·葛朗台》中表现葛朗台对金钱的贪婪。葛朗台看到侄儿查理留给女儿的那个金匣子时，"身子一纵，扑向梳妆匣，好似一只老虎扑上一个睡着的婴儿"；当神父在他临终前把镀金的十字架送到他唇边亲吻时，葛朗台吓人地想把它抓过来，而这最后的努力耗尽了他的生命。这些动作描写都反映出葛朗台的爱财如命。

二、情节结构之美

　　情节在传统小说中是必备因素（现代派小说有时会淡化情节甚至消除情节），情节的发展对人物性格的塑造和作品主题的表现起着重要作用。对于读者来说，小说情节的离奇曲折是吸引他们的重要因素。跌宕起伏的情节让读者体会到人物的悲欢离合，获得审美的快感。作家会采用不同的结构模式、情节设置和叙述方法，使作品呈现出不同的情节结构之美。

（一）结构模式

小说的结构模式多种多样，主要有单线式结构、双线式结构、链式结构、网状结构等。

中短篇小说一般采用单线式结构，即故事情节沿着一条线索往前发展。长篇小说有的采用双线式结构，如列夫·托尔斯泰的《战争与和平》以1812年俄法战争为中心，让战争与和平两条线索交叉进行，通过四个家族的主要人物在战争与和平环境中的思想与行动，展示了当时俄国社会的风貌。链式结构是指整部作品由许多相对独立的故事组成，每个故事就像链条上的一环，如《西游记》《一千零一夜》《十日谈》。网状结构是许多篇幅宏大的长篇小说喜欢采用的结构，即在主线之外还有无数条支线，这些线索又如网一般互相交织。典型的作品如《红楼梦》，它以贾宝玉、林黛玉、薛宝钗的爱情婚姻悲剧和贾府由盛而衰为主线，同时设置了太虚幻境的神话世界，携石头入凡间的一僧一道，贾雨村的仕途人生，与贾家相勾连的王家、史家、薛家，与贾家相对应的甄家，以刘姥姥为代表的下层民众的生活等支线，将庞杂的内容聚合在一起，织成了一张精密的网。

（二）情节设置

一篇优秀的小说，其情节设置往往十分巧妙，能带给读者阅读的快感。小说的整体情节通常按照事件的开端、发展、高潮、结局来安排，让读者的情绪有一个从蓄积到释放的过程。有的小说情节多变，摇曳生姿，如契诃夫的《变色龙》。奥楚蔑洛夫的态度随着咬人的狗是不是将军家的这一讨论变了五次，这样的变化有力地嘲讽了沙皇专制政府的爪牙对上谄媚、对下欺压的丑恶嘴脸。有的小说反复出现相同或相似的情节，深化主题的表达，如余华的《活着》和《许三观卖血记》。《活着》中，死亡的情节多次出现。福贵的亲人一个个离去，加深了命运的悲剧感。《许三观卖血记》中，许三观在人生的紧要关头一次次卖血，突出人物面对苦难的坚韧。有的小说篇首设置悬念，以引起读者的好奇心。侦探小说多用此法。有的小说结局出人意料，令人回味无穷，如欧·亨利的《麦琪的礼物》《警察与赞美诗》《最后一片叶子》，莫泊桑的《项链》。有的小说曲折离奇，引人入胜，如一些优秀的玄幻小说、穿越小说、仙侠小说。有的小说注意巧埋伏笔，前后照应，如《水浒传》对武松打虎用的"哨棒"、潘金莲家"帘子"的描写，《红楼梦》对贾宝玉所戴"通灵宝玉"的描写等。

（三）叙述方法

在设置情节时，不同的叙述方法会形成不同的效果。叙述方法一般有顺叙、倒叙、插叙和平叙等。顺叙指按照事件发生、发展的时间顺序进行叙述，最基本且最常用。顺叙便于把内容表述得条理清晰，符合人们的接受心理和阅读习惯。倒叙指把事件的结局或事件中某一突出的时刻提到前面来写，然后再从事件的开头进行叙述。倒叙会强调事件的结局或高潮，容易制造悬念。插叙指在叙述过程中，根据表达的需要，插入相关的

读与思

现代派小说又称现代主义小说，指19世纪末20世纪初在西方兴起的一股小说创作潮流，包括意识流小说、存在主义小说、荒诞小说等。这类作品在内容上主要表现人在现代社会中的孤独、苦闷以及人的存在的荒诞感。在艺术表现上，现代派小说标新立异，探索了许多反传统的技巧和手法。

学与悟

哪些小说的情节给你留下了深刻印象？为什么？请说一说。

读与思

草蛇灰线法是古典小说常用的安排情节的方法。金圣叹在评《水浒传》时说到这种方法的特点，就是骤一看，好像没有什么，仔细寻摸，便能发现一条线索，拽之则通体俱动。运用这种方法能增强故事的合理性和可信性。

事情或必要的解说。插叙结束后，再回到原来的叙述主线上。插叙可以是对往事的回忆，也可以是对某些情况的说明。它丰富了人物及事件的背景，能充实小说的情节和内容。平叙就是平行叙述，指叙述同一时间内不同地点发生的两件或两件以上的事。传统小说中常说的"花开两朵，各表一枝"即平叙。平叙有两种方式：一种是先说完甲，再说乙；另一种是时而说甲，时而说乙，按照情节发展的需要轮番叙述。巧用平叙，可以在叙述错综复杂的事情时显得有条不紊。

三、环境描写之美

小说环境描写包括自然环境描写和社会环境描写。

（一）自然环境描写

自然环境描写主要交代人物活动的时间、地点、场景，有助于渲染气氛、烘托人物心理、推动情节发展等。在《祝福》中，"我"听说祥林嫂头天夜里死了，有些负疚。晚饭过后，"我"坐在灯下想祥林嫂的事情。"冬季日短，又是雪天，夜色早已笼罩了全市镇。人们都在灯下匆忙，但窗外很寂静。雪花落在积得厚厚的雪褥上面，听去似乎瑟瑟有声，使人更加感得沉寂。"这样的环境渲染出沉闷压抑的气氛。同样是写雪，下面一段是路遥《平凡的世界》里孙少平将要出场时的自然环境："1975年二、三月间，一个平平常常的日子，细蒙蒙的雨丝夹着一星半点的雪花，正纷纷淋淋地向大地飘洒着。时令已快到惊蛰，雪当然再不会存留，往往还没等落地，就已经消失得无踪无影了。黄土高原严寒而漫长的冬天看来就要过去，但那真正温暖的春天还远远地没有到来。"这样的描写带着寒意和凄冷，为贫寒的孙少平的出场做了铺垫。

（二）社会环境描写

社会环境描写主要交代人物活动的时代背景和具体生活环境，要做到时代背景和人物活动的具体环境的统一。好的社会环境描写具有高度的典型性与概括性。例如，莫言的《红高粱》写"高密东北乡"："高密东北乡无疑是地球上最美丽最丑陋、最超脱最世俗、最圣洁最龌龊、最英雄好汉最王八蛋、最能喝酒最能爱的地方。生存在这块土地上的我的父老乡亲们，喜食高粱，每年都大量种植。"高密东北乡是莫言在自己故乡的基础上虚构的人物活动环境，这片土地充满民间原始的生命力，也深深烙刻着历史的血印。正是在这片野性十足的土地上，"我爷爷"和"我奶奶"演绎了抗日战争时期一段敢爱敢恨、保家卫国的人生故事。

欣赏美

《受戒》赏析

汪曾祺的短篇小说《受戒》发表于《北京文学》1980 年第 10 期。小说用散文笔法营造了一个充满自由、宛若梦境的"桃花源"，描写了生活在这里的小和尚明海与农家女小英子之间天真无邪的感情，赞颂了江南农村的人情美和人性美，揭示了追求个性解放的主题。

作者笔下的庵赵庄风光美丽，纯净自然。生活在这里的人们勤劳善良、热情淳朴。荸荠庵没有神秘的宗教气氛，也没有苛刻的佛门戒律，而是弥漫着烟火气。庵内的和尚学会一点做法事的基本功就可以混口饭吃，可以攒钱，可以娶妻，可以斗纸牌、搓麻将、吃水烟。和尚们吃肉也不避人，过年时还会在大殿上杀猪。庵赵庄的人春耕秋获，互帮互助，过着自然淳朴的生活。在这样一个温情浓郁的人性世界中，明海和小英子一起劳动一起嬉戏，一起听青蛙打鼓一起看萤火虫飞舞，自然而然地产生了朦胧的感情。这种感情是如此清新，没有任何杂质，呈现出人性中健康、美好、纯真的一面。

小说的主人公明海纯朴憨厚又聪明能干，他画的花样子深得小英子的姐姐大英子赞赏，传遍了十里八庄。除了在庵里学念经，明海一有空就跑去小英子家帮忙干活，栽秧、车水、薅草、割稻、打场、挖荸荠。他对小英子的感情深厚坚定。小英子让他将来不要当方丈，他说"好，不当"；小英子让他不要当沙弥尾，他说"好，不当"。小英子是个热情活泼的女孩，第一次见明海就把吃剩的半个莲蓬扔给了他。她漂亮整洁，"白眼珠鸭蛋青，黑眼珠棋子黑，定神时如清水，闪动时像星星。浑身上下，头是头，脚是脚。头发滑溜溜的，衣服格挣挣的"。她能说会道，整天像喜鹊一样唧唧呱呱。她发自内心地喜欢明海，对明海好。每回明海来画花样子，小英子都会给他做好吃的。明海去县城里受戒，小英子送他去，接他回来，中间还去看他。她泼辣大胆，挖荸荠时老是故意去踩明海。她爱得坦率真诚，问明海："我给你当老婆，你要不要？"

《受戒》是一篇充满诗意的散文化小说，既没有曲折的情节，也没有戏剧性冲突。作者用朴素无华、精练明快的语言，含蓄节制、意趣盎然的细节描写，描绘了一段健康明朗的感情，完成了自己"四十三年前的一个梦"。

体验美

请同学们阅读《红岩》，结合本节所学的知识进行赏析。

《红岩》 →

小说的故事情节：

小说的人物形象：

塑造人物的手段：

小说的环境描写：

第三节　散文之美

扫码欣赏
《别情》

📎 **感悟美**

请扫码阅读徐可的散文《别情》。请说一说：这篇散文的美表现在哪些地方？

📷 **走近美**

　　散文是与诗歌、小说、戏剧并列的文学体裁。散文一般记录作者真实的生活和思想，常常通过某些生活片段来表达思想情感。只要是能引起作者所思所感的，均可被摄入笔端。散文没有固定的套路和规矩，可以采用多种表现手法，行文比较自由。散文的分类中，影响较大的有三分法，即按表达方式将散文分为叙事散文、抒情散文和议论散文。按照喻大翔的四分法，散文分为议论散文、记叙散文、抒情散文和兼类散文。议论散文主要运用议论的方式来论述事理，但是这种说理不是抽象的，而是运用具象化或类型化的例子，以及各种修辞技巧，使抽象的观点和道理变得形象化和艺术化。记叙散文包括叙事散文和写景散文，主要运用记叙的方式来叙述事情、描写景物，兼有议论抒情。抒情散文主要运用直接抒情或间接抒情（写景抒情、叙事抒情、借物抒情、议论抒情）的方式来抒发情感，涉及亲情、友情、地缘情等。兼类散文是指散文史中存在的很难归类的散文，如"兼富议论、叙述和抒情等多种表达方式、难以牵强划入以上三型之一中去的复式散文"，"像书信、日记、序跋等兼有应用与文学双重体裁与性质"的散文。

　　中国散文经历了先秦诸子散文和历史散文—汉代历史散文—魏晋南北朝骈文—唐宋古文—明代唐宋派、公安派的古文和小品文—清代桐城派散文—现代散文—当代散文的发展历程，留下了许多异彩纷呈的精品。大家耳熟能详的，有《天时不如地利》《逍遥游》《报任安书》《桃花源记》《与朱元思书》《师说》《小石潭记》《醉翁亭记》《游褒禅山记》《赤

读与思

　　萧云儒 1961 年在短文《形散神不散》中提出了散文"形散神不散"的观点，得到了很多人的认同。20 世纪 80 年代中后期，贾平凹、林非等人对"形散神不散"提出怀疑和批评，引起文艺评论界的震动。有人认为应该对"形散神不散"进行深层的建设性的开拓与扬弃，做更灵活的理解。同学们怎么看呢？

壁赋》《项脊轩志》《湖心亭看雪》《从百草园到三味书屋》《背影》《落花生》《我与地坛》
《听听那冷雨》等。

一、抒情之美

散文作为直接表达作者个性、情怀、观点的文体，具有浓厚的抒情性。许多脍炙人口的散文名篇都饱蕴真挚的情感。抒情散文自不必说，记叙散文、议论散文和兼类散文也往往具有强烈的抒情性。"读《出师表》不下泪者，其人必不忠；读《陈情表》不下泪者，其人必不孝；读《祭十二郎文》不下泪者，其人必不友。然其惨痛悲切，皆出于至情之中，不期然而然也。"姑且不论其"忠""孝""友"之说，这段话明确指出了这三篇散文的共同特点是"至情"。在散文中，除了直接抒情，作者还常常通过描写景物、叙述事件、吟咏物象甚至发表议论来抒发情感，形成写景抒情、叙事抒情、借物抒情和议论抒情的抒情方式。

（一）写景抒情

写景抒情，即通过景物描写来抒发情感。典型的如朱自清的《荷塘月色》。这篇文章描写了清华园美丽的荷塘月色之景，含蓄委婉地抒发了不满现实、渴望自由、想超脱现实而又不能的苦闷之情。整篇文章笼罩着一层淡淡的忧愁，同时又有在片刻宁静中获得的淡淡喜悦。再如郁达夫的《故都的秋》，通过描绘故都秋晨、秋槐、秋蝉、秋雨、秋果等秋天的景色，抒发了悲凉、落寞以及怀恋之情。

（二）叙事抒情

叙事抒情，即通过叙述事情来抒发情感。例如，鲁迅的《藤野先生》通过叙述藤野先生为"我"添改笔记、修正血管图、鼓励"我"大胆解剖尸体，以及对我放弃学医感到遗憾、临别前送"我"相片等，赞颂了藤野先生的朴实厚道、待人以诚、忠于学术，抒发了作者对藤野先生的敬仰、感激和深深的怀念之情。再如史铁生《我与地坛》的第二部分，通过叙述"我"因身体残疾而苦闷，常常独自到地坛消遣，母亲担忧"我"却又不愿表露出来，抒发了对母亲的歉疚、感激和赞颂之情。

（三）借物抒情

借物抒情，即通过描写某一物象来表达志向或抒发情感。例如，周敦颐的《爱莲说》通过对"中通外直，不蔓不枝，香远益清，亭亭净植"的莲花的描写，歌颂了莲花"出淤泥而不染"的高洁品质，抒发了对花之君子莲花的赞美和喜爱之情。再如茅盾的《白杨礼赞》，通过对具有笔直的干、笔直的枝，在北方风雪的压迫下倔强挺立的白杨树的描写和赞美，抒发了对朴质、严肃、坚强不屈，坚持抗日斗争的北方农民的热爱和赞美之情。

学与悟

你还知道哪些中外经典散文？

读与思

中国各种形式的文艺，有彼此相通的灵犀一点，那就是情味。它们的发展有共同的轨迹可寻，那就是朝着与抒情相结合的方向。

——王文生《中国美学史：情味论的历史发展》

（四）议论抒情

议论抒情，即通过发表议论来表达情怀或抒发情感。例如，苏轼《前赤壁赋》末尾针对客人感慨人生短暂而发议论，认为从事物变化的角度看，天地的存在不过在转瞬之间；从不变的角度看，事物和人类都是无穷尽的。因此，不必羡慕江水、明月和天地，也不必"哀吾生之须臾"。这段议论表现了苏轼豁达的宇宙观和人生观，也表达了他身处逆境却能保持乐观、随缘自适的情怀。再如陶铸的《松树的风格》，除了交代写作缘由以及对松树的生长环境和牺牲精神的描述之外，通篇大部分都是对松树"要求于人的甚少，给予人的甚多"的风格以及由此联想到的共产主义风格的议论，表达了对崇高的松树风格和共产主义风格的由衷赞美。

二、描写之美

梅尧臣提出诗歌要"状难写之景如在目前"。不唯诗歌如此，散文也一样。散文的篇幅一般来说长于诗歌，具有"状难写之景"的优势。要"状难写之景"，就需要用到描写的手法。事实上散文不管是写景状物，还是记人叙事，都离不开描写。许多散文作品中优美生动的描写，既让人耳目一新，又令人心旷神怡。下面让我们循着作家的生花妙笔，去欣赏大自然与生活的千姿百态。

（一）景物描写

陶渊明的《桃花源记》描写了令人无限神往的桃花源："忽逢桃花林，夹岸数百步，中无杂树，芳草鲜美，落英缤纷。""土地平旷，屋舍俨然，有良田美池桑竹之属。阡陌交通，鸡犬相闻。其中往来种作，男女衣着，悉如外人。黄发垂髫，并怡然自乐。"简洁的描写将世外桃源的美丽、宁静、怡然表现得十分动人。

朱自清的《绿》写梅雨潭的绿："那醉人的绿呀，仿佛一张极大极大的荷叶铺着，满是奇异的绿呀。""这平铺着，厚积着的绿，着实可爱。她松松的皱缬着，象少妇拖着的裙幅；她轻轻的摆弄着，象跳动的初恋的处女的心；她滑滑的明亮着，象涂了'明油'一般，有鸡蛋清那样软，那样嫩，令人想着所曾触过的最嫩的皮肤；她又不杂些儿尘滓，宛然一块温润的碧玉，只清清的一色——但你却看不透她！"作者用了一系列新奇的比喻，将梅雨潭的绿写得可触可感。

（二）人物描写

归有光的《寒花葬志》描写夫人魏氏陪嫁的婢女寒花："婢初媵时，年十岁，垂双鬟，曳深绿布裳。一日天寒，爇火煮荸荠熟，婢削之盈瓯，予入自外，取食之，婢持去不与。魏孺人笑之。孺人每令婢倚几旁饭，即饭，目眶冉冉动，孺人又指予以为笑。"寥寥几笔，极为生动。

张爱玲的《炎樱语录》写朋友炎樱："我的朋友炎樱说：'每一个蝴蝶都是从前的一朵

花的鬼魂，回来寻找它自己。'""关于加拿大的一胎五孩，炎樱说：'一加一等于二，但是在加拿大，一加一等于五。'""炎樱描写一个女人的头发，'非常非常黑，那种黑是盲人的黑'。""炎樱在报摊上翻阅画报，统统翻遍之后，一本也没买。报贩讽刺地说：'谢谢你！'炎樱答道：'不要客气。'"通过炎樱的语言，作者很好地表现了炎樱的有趣。

（三）事件描写

丰子恺在《梦痕》里写儿时的伙伴五哥哥既顽皮又聪明，会自己创造发明一些新玩意儿，如用老蚕豆做"蚕豆水龙"："其做法，用煤头纸火把老蚕豆荚熏得半熟，剪去其下端，用手一捏，荚里的两粒豆就从下端滑出，再将荚的顶端稍稍剪去一点，使成一个小孔。然后把豆荚放在水里，待它装满了水，以一手的指捏住其下端而取出来，再以另一手的指用力压榨豆荚，一条细长的水带便从豆荚的顶端的小孔内射出。制法精巧的，射水可达一二丈之远。"这样细致的描写可以称得上一份蚕豆水龙制作说明书了。

沈从文《湘行散记》之《一个多情水手与一个多情妇人》写小船上滩："在一个小滩上，因为河面太宽，小漕河水过浅，小船缆绳不够长不能拉纤，必需尽手足之力用篙撑上，我的小船一连上了五次皆被急流冲下。船头全是水。到后想把船从对河另一处大漕走去，漂流过河时，从白浪中钻出钻进，篷上也沾了水。在大漕中又上了两次，还花钱加了个临时水手，方把这只小船弄上滩。上过滩后问水手是什么滩，方知道这滩名"骂娘滩"。（说野话的滩！）即或是父子弄船，一面弄船也一面得互骂各种野话，方可以把船弄上滩口。"这段描写可以让没有坐船经历的读者感受到上"骂娘滩"的困难与艰辛。

三、语言之美

散文有时又被称作"美文"，这美是与散文的语言艺术分不开的。许多散文脍炙人口，影响深远。除了富于思想性、情感性外，这在相当程度上还要归功于作品语言的优美凝练。不同作家具有不同的语言风格，或浓丽，或朴素，或清幽，或典雅，或恣肆，或诙谐，然又无不朴素凝练，文采斐然。

（一）朴素美

徐迟认为："散文家不仅要掌握华丽的文采，而且要善于控制它，不仅要掌握朴素的文采，还要善于发扬它，写得华丽不容易，写得朴素更难。也只有写得朴素了，才能显出真正的文采来。"许多优美的散文，都能在朴素中见意蕴，在平淡中见风采。例如，汪曾祺的《胡同文化》写北京人："北京人易于满足，他们对生活的物质要求不高。有窝头，就知足了。大腌萝卜，就不错。小酱萝卜，那还有什么说的。臭豆腐滴几滴香油，可以待姑奶奶。虾米皮熬白菜，嘿！我认识一个在国子监当过差，伺候过陆润庠、王垿等祭酒的老人，他说：'哪儿也比不了北京。北京的熬白菜也比别处好吃，——五味神在北京。'"作者用简单的语言，将北京人易于满足的性格特点表现得活灵活现。

（二）凝练美

散文一般要在不长的篇幅内或写人记事，或写景状物，或发表议论，或抒发情感，这对语言的凝练提出了较高的要求。杰出的散文往往能用凝练的语言表达出丰富的内涵，予人启迪。例如，韩愈的《进学解》假托先生向学生训话，抒发自己不被重用的愤懑。全文语言极其凝练，许多词语后来都变为成语。韩愈先写先生教诲学生，用了"业精于勤，荒于嬉；行成于思，毁于随"等句子。然后写学生反驳先生，认为先生学习勤奋，"贪多务得，细大不捐"；学习典籍"沉浸醲郁，含英咀华"；先生文章和为人都很好，处境却是"跋前踬后，动辄得咎"，弄得"头童齿豁"。最后写先生向学生解释，自己"文虽奇而不济于用，行虽修而不显于众"，因此"投闲置散"也是该当的。文中凝练的语言无疑包含丰富的内容。

（三）修辞美

在散文发展的过程中，各种修辞手法得到了大量的运用，成为作者抒情表意的重要手段，也增添了散文的语言之美。散文中常用的修辞手法有比喻、拟人、排比、对偶、对比等。以朱自清的《春》和欧阳修的《秋声赋》为例。《春》这篇短文几乎全篇使用修辞手法，拟人最多，有13处，比喻次之，有12处，另外有对偶（包括比较宽泛的对偶，句式相同，字数不一定相同）7处，排比4处，引用2处，还大量使用叠词。这些修辞手法将春天形象化、拟人化，写出了一个生气勃勃、诗意盎然的春天。该文虽然使用了众多修辞手法，但是并不显得累赘拖沓，而是清新自然，节奏明快。《秋声赋》为赋体，对偶的使用自不必说，且看其他修辞手法的运用。该文开头便用了风雨声、波涛声、金属撞击声、行军人马声四个比喻来形容肃杀的秋声，接下来通过设问解释了秋声的来源；在对秋声进行剖析后，又将无情之草木与有情之人对比，揭示人之忧患。文章前后还将童子之无感与"我"之悲凉进行对照，结尾处又以四壁之虫鸣烘托"我"之叹息，更增悲情。

🍵 **欣赏美** ·································

《山茶花》赏析

郭沫若的《山茶花》十分短小，所叙之事也再平常不过：从山上采了几种植物并插在铁壶里，挂在墙上。就是这样一件小事，却被作者写得充满情趣。

首先，作者用简洁凝练的语言写了采花、插花、养花、赞花的过程，结构完整，一气呵成。其次，作者勾勒了一幅色彩明丽的静物画。"鲜红的楂子""嫩黄的茨实""浓碧的山茶叶"，插在"黑色的铁壶"中，挂在墙上。这幅静物画中的植物并不是平均分配的，

扫码欣赏《进学解》

扫码欣赏《秋声赋》

扫码欣赏《山茶花》

而是以"蓓蕾着"的山茶叶为主,以秋楂和茨实为辅。再次,作者设置了一个小小的悬念。早上醒来时,闻到了"一种清香的不知名的花气"。"这是从什么地方吹来的呀?"作者设了一个问,然后揭晓答案——"原来铁壶中投插着的山茶,竟开了四朵白色的鲜花!"这既表达了作者的惊喜,也给了读者一个惊喜。最后,作者在结尾处画龙点睛,一句"啊,清秋活在我壶里了"激活了前面所写的全部内容,让整篇文章洋溢着活泼的生机。可以说,如果去掉了这一句,整篇文章也不错,但就没有这么精彩了。正是这一句,尤其是里面的"活"字,喷涌出作者对大自然、对生活的热爱之情,也呼应了前面的"黑色的铁壶更和苔衣深厚的岩骨一样了"。读者通过一束花,好像感受到了整个清秋的味道。

　　还值得一提的是,文章的用词也很精练、生动。第一句"昨晚从山上回来,采了几串茨实、几簇秋楂、几枝蓓蕾着的山茶"。这几种植物,都可以用"枝"来作量词,完全可以说"几枝茨实、几枝秋楂、几枝山茶",但是作者用了不同的量词,用"串"来说茨实,用"簇"来写秋楂,很形象。另外,"蓓蕾"本是名词,这里活用为动词,显得更加生动。再看第二句,"投插"这个词表明是比较随意地插在铁壶里的,而不是精心地"插",这样显得更自然。第三段中,"鲜红的楂子和嫩黄的茨实衬着浓碧的山茶叶",一个"衬"字,表明了主次关系。虽然这里写的是山茶叶,还没写到花,但是已经为后面的山茶花预留了空间。再来看"风味"和"岩骨"这两个词。先说"岩骨",硬朗的有力量感的岩石和植物组合在一起,这是我们常常看到的中国画的画面,坚强与柔美统一了起来。这样一幅画面,就不再是简单的几种植物插在壶里了,而是具有了一种"风味",一种意境,一种超出画面的韵致。再看下一段,"漾"字将满室花香的流动感写了出来,读到此处,读者似乎也要忍不住吸吸鼻子,想闻一闻这花香。总之,短短几句话,用词用字看似随意,却又十分准确,富有意味,让人涵泳不尽。

☞ **体验美** ·······································

　　请同学们扫码阅读袁鹰的散文《井冈翠竹》,结合本节所学的知识进行赏析。

《井冈翠竹》 →
　　文章的主要内容:

　　文章的表现手法:

　　作者的情感:

　　文章的语言特点:

扫码欣赏
《井冈翠竹》

第五课　造型艺术之美

第一节　书法之美

📎 **感悟美**

　　书法是一种中华传统艺术形式。凡是对书法有了解的人，都听说过王羲之以及有"天下第一行书"之称的《兰亭集序》。那么，《兰亭集序》到底美在何处？在浩如烟海的历代名作之中为何能获得"天下第一行书"之美誉呢？

📷 **走近美**

　　作为中华文明的智慧结晶，书法绝不是单纯意义上的写字，它是以汉字为表现对象，以文字的含义和书写者的思想情趣为表现内容，以章法、笔法为表现方法的线条书写和造型艺术。书法蕴含着中国文化特有之风骨，具有其他艺术形式所不能替代的美。

一、汉字之美

　　书法是以汉字为表现载体的，在发展过程中既借助了汉字的美，也展示了汉字的美。一代又一代的书家对前人书迹的心摹手追，使汉字在书法的精彩演绎中不断传承和发展，也使汉字在世界文字之林独树一帜。书法作为艺术有自身的规律，其中对美的追求是亘古不变的。在追求美的过程中，书法在完善自身的同时，也规范或者说规定了汉字的发展方向。汉字是音、形、意的结合体，既有自身的形体构造美，又有自身的意蕴美。

二、器具之美

　　任何艺术形式都有其特殊的形式因素和风格特征，书法更是如此。笔、墨、纸、砚等文房用品（图5-1-1）是书法赖以产生、发展、成熟的基础。"工欲善其事，必先利其器。"赵孟頫曾言："书贵纸笔调和，若纸笔不称，虽能书亦不能善也。譬之快马行泥淖中，其

扫码欣赏
《王羲之与
〈兰亭集序〉》

能善乎？"[1] 书写工具以及书家对其特殊性能的掌握，对书法作品的书写质量起着决定性作用。在满足了实用要求后，笔、墨、纸、砚也进化成了艺术品，可供文人雅士案头把玩。

（一）笔

书法以毛笔为主要书写工具。毛笔是将兽毛按照特殊工艺加工后制成笔头，镶嵌在笔杆上的书写工具，亦有玉管、毛锥、毫锥等别称。按照笔毛的软硬程度，毛笔分为软毫、硬毫、兼毫；按照锋颖的长短，毛笔分为长锋、中锋、短锋。毛笔亦有"三义""四德"之说，这既是制作毛笔的要求，也是挑选毛笔的准则。在汉字实用书写逐渐演变成书法艺术的过程中，毛笔发挥了重大作用，赋予原本单调平板的汉字笔画勃勃的生气与万千美感。

图 5-1-1　文房四宝

（二）墨

古人多用墨锭蘸水在砚台上研磨以成墨，今人多用墨汁。墨是用油或树枝烧出来的烟末，调入胶和药材等制成的留存书画痕迹的黑色物。墨的适宜与否反映在字的精神上，浓则滞笔，淡则失神。所以，用墨要浓淡相宜，浓而不滞，燥润适度，不渗不枯。墨主要分为松烟墨和油烟墨：松烟墨缺少光泽，胶轻质松，入水易化；油烟墨坚实细腻，耐磨，乌黑发光。墨涂人心，落纸云烟，挥洒自如，重则雄浑铿锵，轻则柔和淡泊，于是营造出中国书画独有的奇幻意境。

（三）纸

宣纸是中国书画最理想的呈现载体。宣纸始产于泾县，因唐代泾县隶属宣州府，故得名宣纸。宣纸的主要原料是青檀皮，具有润墨性强、不易变色、韧而能润、光而不滑、洁白稠密、纹理纯净、搓折无损、少虫蛀、寿命长等特点。

宣纸生产工艺自出现以来，依靠工匠的口传心授得以延续。质地精湛的宣纸要经过浸泡、灰掩、蒸煮、漂白、打浆、水捞、加胶等多道工序。宣纸分为生宣、熟宣和半生半熟宣。在宣纸上写字作画，既能以水导墨，又能以水抗墨，使作品产生水墨淋漓的效果。

（四）砚

砚亦称研，或曰砚台、砚瓦、砚池等，由原始社会的研磨器演变而来。汉代刘熙在

学与悟

笔之"三义"

"三义"指精、纯、美，这是从技术上说的。"精"指拣、浸、拨、梳、结、配、择、装等多道工序一丝不苟；"纯"指选料严格细腻，以"千万毛中选一毫"的态度进行；"美"指形、色及配合的毛杆、刻书、装饰等高度统一。

笔之"四德"

"四德"指齐、尖、圆、健，这是从书写效果上说的。"齐"指笔头饱满浓厚，吐墨均匀；"尖"指笔锋锐尖不开叉，利于钩捺；"圆"指使转如意、挥洒自如；"健"指劲健耐用，不脱散败，有弹力而尽显书者笔力。

---

① 崔尔平：《历代书法论文选续编》，180 页，上海，上海书画出版社，1993。

《释名》中说："砚者，研也，可研墨使和濡也。"唐代起，各地相继发现适合制砚的石料，开始出现以石为主的砚台制作。其中广东的端砚、安徽的歙砚、甘肃的洮河砚、山西的澄泥砚并称"四大名砚"。

在书法创作中，砚的作用虽然不如笔、墨、纸那样直接，是借助墨才体现出来的，但却显得颇为贵重。历来书家对砚都以品味为先，实用倒在其次。书法之道不全在于作品的成败，还在于怡情养性。一方好砚台本身就可以激起书家的创作冲动。

书法所使用的器具，除了笔、墨、纸、砚之外，还有墨床、镇纸、印泥、笔搁、笔筒等，每一种都凝聚着中华文明特有的制作工艺和文化底蕴。

三、字体之美

图 5-1-2　秦诏版拓片

（一）篆书之美

篆书是最古老的书法字体，体现了先辈朴素求美的精神和创造意识，对书法的发展起了重要的先导及奠基作用。广义的篆书指小篆及小篆以前所有的古文字，包括甲骨文，金文，石鼓文，春秋战国时期通行于各国的文字，秦小篆，秦诏版（图 5-1-2）、权量、兵器、印符、瓦当、玺印上的文字，以及汉唐以来碑石上的篆额文字等；狭义的篆书单指大篆和小篆。

篆书圆劲婉通，力弇气长。"力弇"要求笔力集中、聚拢，即藏头护尾，中锋用笔，线条沉着有力；"气长"就是气韵悠长，要求平心静气，徐缓运笔。篆书在章法上参差与整齐并重，既要错落有变，又不能全无布置，要在参差中见整齐。篆书之美，是奇正相生、逶迤盘旋的活力之美。

（二）隶书之美

隶书是在篆书的基础上发展变化而来的新字体，萌芽于秦朝末年，是篆书的一种潦草写法。隶书化曲为直，变圆为方，笔增提顿，有了粗细、巧拙的变化，丰富了书法的技法表现（图 5-1-3）。隶书是从实用的角度出发，对小篆的革新。隶书大胆运用夸张手法，变篆书的精神内含为气象外耀，强调和装饰横与捺，形成波势磔尾，舒展多姿，情趣盎然。

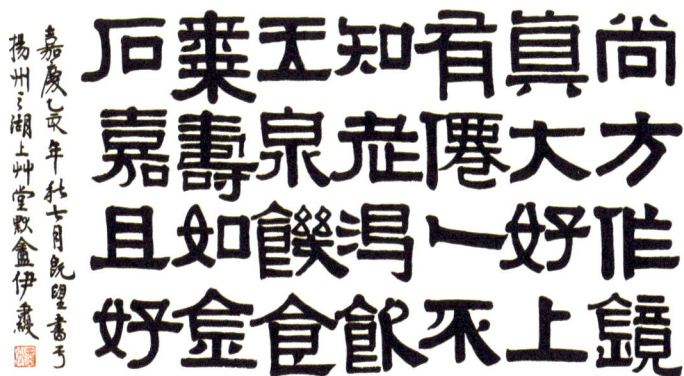

图 5-1-3　伊秉绶《尚方作镜》

隶书经历了三个重要发展时期。一是秦汉时期，即古隶和今隶时期，这一时期以东汉隶书发展最为鼎盛和辉煌。二是唐代，即隶书发展的守成时期，或称楷书化时期，有人也称之为程式化时期。三是清代，即隶书中兴、流派纷呈、名家辈出的时期，也是隶书发展的集大成和总结时期。隶书之美，是厚重凝聚、庄严典雅的宁静之美。

（三）草书之美

草书是书法艺术创作的最高境界。作为综合性字体，草书创造性地吸取了篆书、隶书、楷书、行书的用笔、结字、章法及气韵（图 5-1-4）。刘熙载在《艺概》中说："书家无篆圣、隶圣，而有草圣。盖草之道千变万化，执持寻逐，失之愈远，非神明自得者，孰能止于至善耶？他书法多于意，草书意多于法。"[①] 不计较点画得失，重在情感意趣的宣泄和挥发，这正是草书抒情特色之所在。

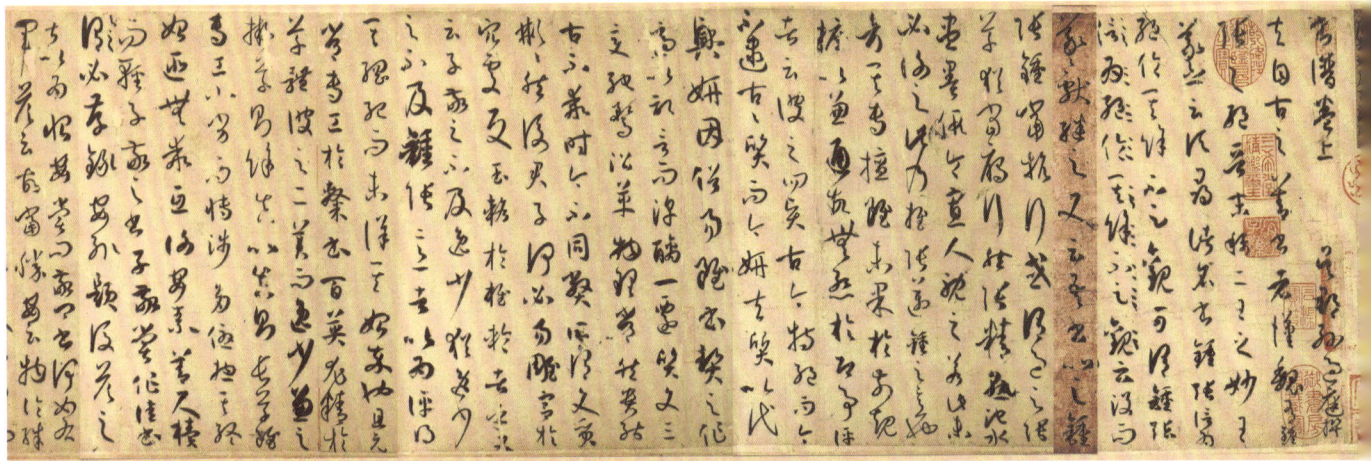

图 5-1-4　孙过庭《书谱》局部

---

① 上海书画出版社、华东师范大学古籍整理研究室：《历代书法论文选》，689 页，上海，上海书画出版社，1979。

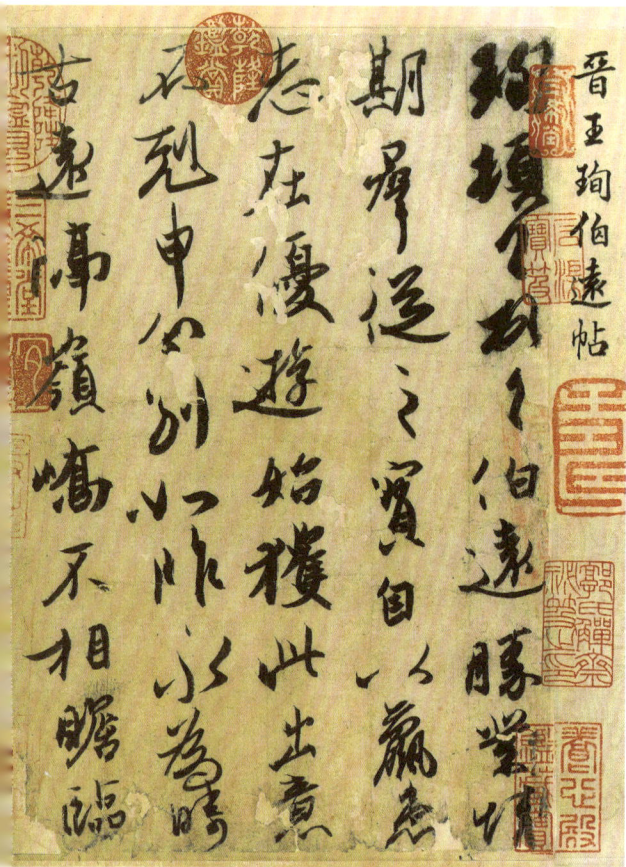

图 5-1-5　王珣《伯远帖》局部

草书按发展历史和书写形态可分为章草、今草和狂草，各有其特点和代表书家及作品。草书主要体现出意境、气势、律动之美。意境是指人们通过对客观事物的认识而形成的思想境界。它是书法艺术的灵魂，是书家思想情感的释放和学识修养的流露。草书笔画连绵不绝，在一往无前的挥写中如乱花飞舞、追风逐电，显示出一泻千里的气势之美。草书有着自己独特的旋律，这种节奏同时也贯穿于书家之情思变化，与错落的字形、穿插的点线共同弹奏出空间化的律动之美。

（四）行书之美

行书介于楷书与草书之间，比楷书流动便捷，比草书收敛规范（图 5-1-5）。行书行笔速度快，节奏感强；附钩增多，萦带妙用；楷草相间，变化丰富；连绵不断，挥洒自如。在书法发展史上，行书名家辈出，作品之多，令人目不暇接。

行书美在实用，它是日常生活中最实用的字体；美在笔画的流畅，其用笔有轻重粗细的变化，行笔有如行云流水，具有强烈的节奏感；美在崎侧中的平稳，其字形结构大小错落、收放结合得体，用墨浓淡相融；美在变化中的和谐，它通过字形调整轻重、结构左右挥洒、上下贯穿等书写技巧，达到了笔触和谐统一、风格和谐统一、字体和谐统一。

（五）楷书之美

楷书，又被称为正书、正楷、真书，是一种可以作为法式的标准化字体。楷书从隶书和章草演变而来，萌芽于汉代，成熟于唐，是最通用的字体。

楷书具有典雅端庄、形质精严、居静治动之美。楷书出现以后，汉字的方块结构确定了下来。楷书形体方正，笔画平整，和其他字体相比结体规整，笔法应规入矩，字画清晰，通篇排列整齐划一。孙过庭《书谱》云："真以点画为形质，使转为情性；草以点画为情性，使转为形质。"此番论述阐明了楷书与草书的关系，同时指出点画是构成楷书形体的基本元素。刘熙载《艺概》云："书凡两种：篆、分、正为一种，皆详而静者也；行、草为一种，皆简而动者也。""正书居静以治动，草书居动以治静。"[①] 然而，静与动是相对的，楷书的静中蕴含着动的成分。笔画之间的参差错落、相互顾盼，笔势的

---

① 上海书画出版社、华东师范大学古籍整理研究室：《历代书法论文选》，691 页，上海，上海书画出版社，1979。

取向和笔意的流动等均是一种动。例如，柳公权的《玄秘塔碑》（图5-1-6）点画均匀，笔意飞动，极具跳宕之感。作品整体虽非常端庄，但平稳之中又有变化，静止之中又有动的态势。楷书之美，是正大光明、仪态万方的包容之美。

四、技法之美

（一）笔法之美

笔法即用笔的规则与方法。广义的用笔包括执笔和运笔。狭义的用笔指点画书写时的方法，如藏锋、露锋、中锋、侧锋，或提、按、顿、转。赵孟頫在《定武兰亭跋》中说："书法以用笔为上，而结字亦须用工。盖结字因时相传，用笔千古不易。"用笔的方法是不变的，笔法却是可以改变的。书写者可以通过多样的笔法表现不同的气韵。"善书者用笔，不善书者为笔所用。"合理地用笔会产生合理的效果，"笔力""骨力"，甚至"趣味""风韵"等都是用笔产生的效果。书写时，要注意以下三点。一是要有正确的执笔方法；二是要合理把握点画的书写要领；三是要把笔送到位，不能草率。总之，好的用笔都要通过运笔来完成。认真体会和加强对运笔的学习，对于提高线条质量和书写效果大有裨益。

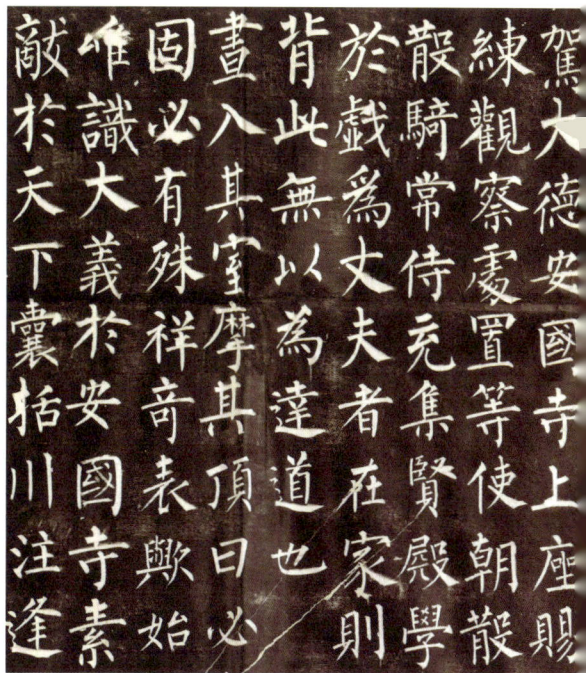

图5-1-6　柳公权《玄秘塔碑》拓片局部

（二）章法之美

所谓章法，就是书法的谋篇布局。章法最直接的表现就是如何安排字与字、行与行、正文与款识的关系。布白合宜能增加书法作品的观赏性和艺术性，如图5-1-7所示扇面。

书法作品绝不是对文学内容的简单抄写，而是借助于书法艺术的表现手段去丰富、强化内容要表达的思想情感，并给人以视觉上的美的感受。章法要融入哲学之美，巧妙利用黑色线条在白色宣纸上进行分割，在字内、字间、

图5-1-7　文彭的行书扇面

行间、正文与款识之间表现出疏密、松紧、错落的空间变化。成功的章法不是一蹴而就的。一方面要深入临习和研究经典作品，分析其艺术特点和自然规律，挖掘适合自己个性的艺术元素；另一方面要善于从绘画、音乐、舞蹈等艺术形式中汲取精华，举一反三，融会贯通，逐渐将其转化为自己的书写风格。此外，要学会观察、思考，加强自身修养，为书写创作奠定良好的思想和情感基础。

（三）墨法之美

墨法乃书法技法的重要组成部分，亦称血法。前人称墨为字之血，故有此一说。包世臣在《艺舟双辑》中说："画法字法，本于笔，成于墨，则墨法尤书艺一大关键已。"董其昌在《画禅室随笔》中强调："字之巧处在用笔，尤在用墨。"墨色不仅会影响作品整体的布白，也会影响书写者的思想情绪及作品意境。墨的干、湿、浓、淡、焦形成线条的方圆、曲直、粗细、疏密、浓淡、干湿、动静、刚柔的变化，促成气韵生动，所以说墨色变化亦是书法"中和"思想的重要体现。

💬 **欣赏美** ⋯⋯⋯⋯⋯⋯⋯⋯⋯⋯⋯⋯⋯⋯⋯⋯⋯⋯⋯⋯⋯⋯⋯⋯⋯⋯⋯⋯ ●●●

书法创作是由点到面，从局部到整体的过程，而书法欣赏与创作正好相反，是从整体到局部，继而深入内核。正像初识一个人，最关注的并不是其手足、耳目的特征，而是其体形、轮廓、举止、笑语、精神等。王僧虔说："书之妙道，神采为上，形质次之，兼有者方可绍于古人。"先观神采，兼以形质，此为欣赏书法的诀窍。一幅优秀的书法作品，首先应能从整体上感染欣赏者。

一、《曹全碑》赏析

图 5-1-8　《曹全碑》拓片局部

《曹全碑》（图 5-1-8）全称《郃阳令曹全碑》，东汉中平二年（185 年）刻立。碑身两面均刻有隶书铭文，明万历初年在陕西合阳县旧城出土，现藏于西安碑林。

《曹全碑》洋溢着典雅逸静、温润秀美之气，仿佛一位翩翩君子，不激不厉，中正平和，既法度森严，又飘然逸出，与同一时期追求真率拙朴的《张迁碑》形成鲜明对比。该碑对魏晋时期"二王"书风的形成有着积极的引导作用。

《曹全碑》笔画细劲有力，内部起伏较小，圆转自如，气息醇和，笔画交代得清清楚楚，字内空间疏朗，通篇和谐自然。静观其字，线条没有装饰的痕迹，往往一笔出去至意想不到处戛然而止。点、短横尽量浓缩，多数字在上、下笔的承接处断开，留出较多空白。其笔意丝毫不因笔画简缩而出现阻隔，反而更显协调，空间更圆融、静穆，使该碑卓然独立于其他汉碑。历代书家对《曹全碑》称颂不绝，清代孙承泽赞曰："字法遒秀逸致，翩翩与《礼器》前后辉映，汉石中之至宝也。"清万经评曰："秀美生动，不束缚，不驰骤，神品也。"

今天我们学习《曹全碑》，除了从基本的用笔及结字入手外，更应从品位、格调上去把握它。只有对《曹全碑》有高层次的认识，才能更好地理解或解剖其基本技法，进入"形神兼备"的学书状态。

二、《张玄墓志》赏析

《张玄墓志》（图 5-1-9）原名《南阳太守张玄墓志》，又称《张黑女墓志》。此碑刻于北魏普泰元年（531 年），原石已亡佚，现仅存清代书法家何绍基所藏剪裱孤本。魏碑是楷书的一种特殊风格，主要分为方正雄强和温婉秀美两大类。《张玄墓志》是温婉秀美类魏碑的代表。

《张玄墓志》书风遒厚精古，用笔刚柔相济。其中既有质朴的隶书笔意，也有流动妍妙的情趣。清何绍基云："化篆分入楷，遂尔无种不妙，无妙不臻。然遒厚精古，未有可比肩《黑女》者。"康有为云："雄强无匹，然颇带质拙，出于汉《子游残碑》。"其秀美处，笔画灵动潇洒，与智永《真草千字文》有相似之处。虽属正书，该碑刻行笔却不拘一格，风骨内敛，自然高雅，不少用笔有行书笔意。

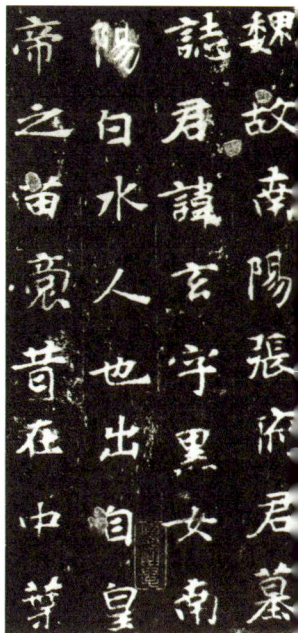

图 5-1-9　《张玄墓志》拓片局部

三、颜真卿《祭侄文稿》赏析

《祭侄文稿》（图 5-1-10）全称《祭侄赠赞善大夫季明文》，亦称《祭侄季明文稿》，是唐代书法家颜真卿于乾元元年（758 年）创作的行书纸本书法作品。颜真卿在这篇祭文中追叙了常山太守颜杲卿父子在安禄山叛乱时挺身而出，坚决抵抗，"父陷子死，巢倾卵覆"，取义成仁之事。颜真卿援笔作文之际，悲愤交加，情绪难以平静，故书写时常有涂抹。正因如此，该作凝重峻涩而又神采飞动，笔势圆润雄奇，姿态横生，纯以神行，得自然之妙。元代鲜于枢有题识赞曰："唐太师鲁公颜真卿书《祭侄季明文稿》，天下行书第二。"此评为历代书家所公认。

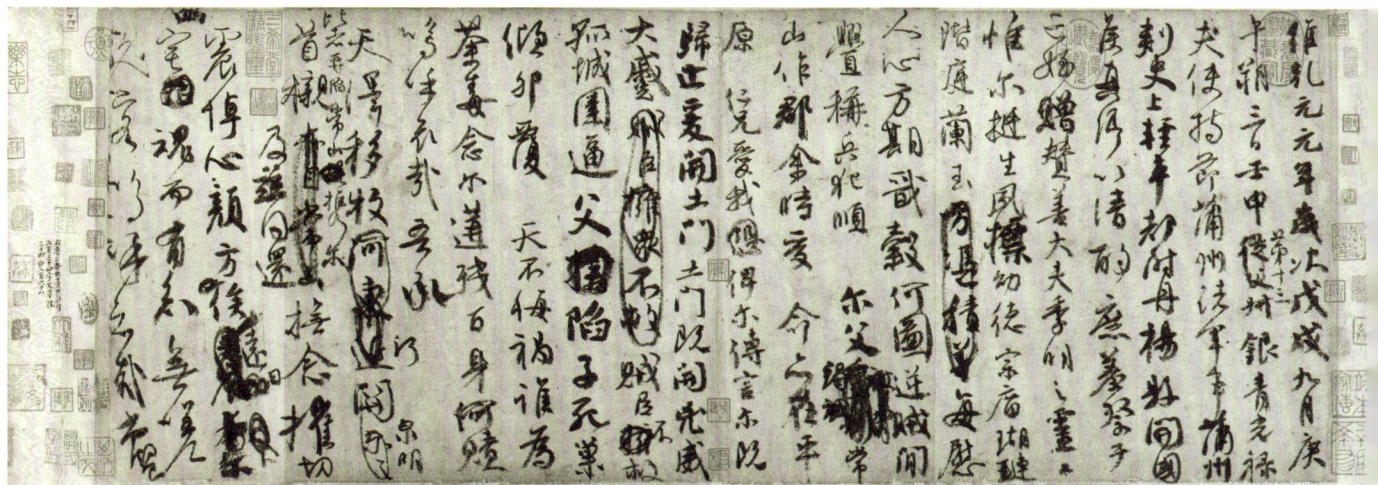

图 5-1-10　颜真卿《祭侄文稿》

《祭侄文稿》具有三大艺术特色。

篆籀笔法圆转遒劲。用笔以圆笔中锋为主，藏锋出之。线条厚重处浑朴苍穆，如黄钟大吕；细劲处筋骨凝练，如金风秋鹰；转折处或化繁为简，遒丽自然，或杀笔狠重，戛然而止；连绵处笔圆意赅，痛快淋漓，似大河直下，一泻千里。

　　章法开张自然。文字结体宽绰，自然疏朗，点画外拓，弧形相向，顾盼呼应，形散而神敛。字间行气，随情而变，不计工拙，圈点涂改随处可见。集结处不拥挤，疏朗处不空乏，可谓疏可走马，密不透风，深得计白当黑之意趣。行与行之间，则左冲右突，欹正相生。尤为精彩的是末尾几行，由行变草，迅疾奔放，一泻而下，大有江河决堤的磅礴气势。

　　墨法渴涩生动。用墨渴笔较多，且墨色浓重而枯涩。这一墨法的艺术效果与颜真卿当时撕心裂肺的悲恸情感恰好高度统一。

👉 体验美

　　请大家利用所学知识，结合笔法、字法、墨法、章法以及历史背景等，对苏轼的《黄州寒食诗帖》（图 5-1-11）进行初步鉴赏，谈谈你对作品的理解和感受。

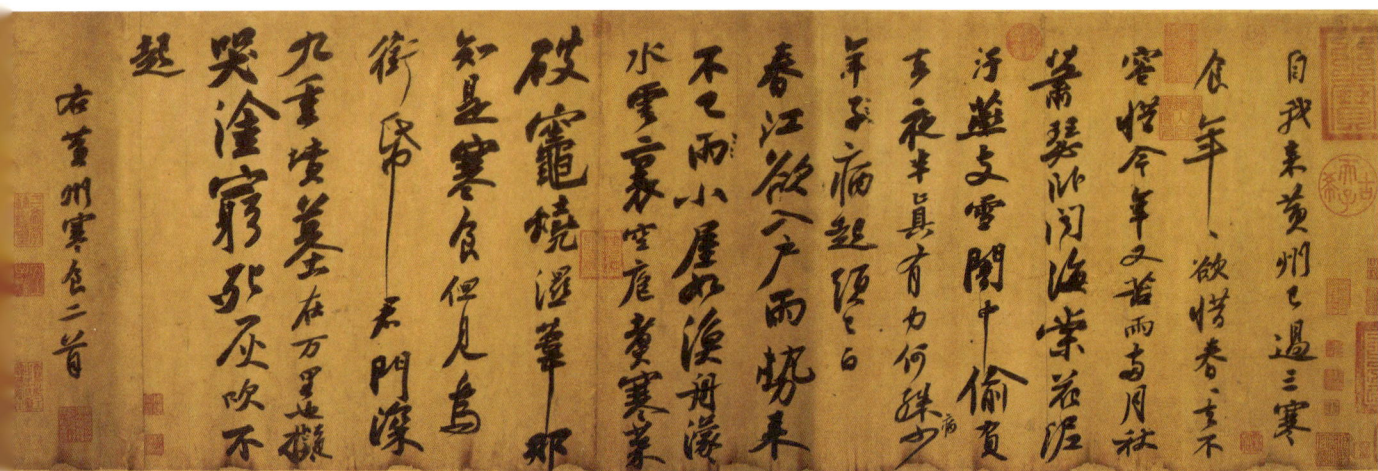

图 5-1-11　苏轼《黄州寒食诗帖》

第二节　绘画之美

📎 感悟美

　　请大家扫码欣赏一些造型艺术作品，有国画、油画、版画、水彩、漆画等。请想一想：你能从中看到哪些造型艺术形式？绘画的美表现在哪些方面？

扫码欣赏
《绘画佳作》一

一、国画之美

国画是用毛笔蘸水、墨、色作画于绢或纸上的绘画，具有悠久的历史，凝聚着中华民族的智慧、性格、气质，以其鲜明的风格在世界画苑中独具体系。国画依据题材可分人物、山水、花鸟等，根据技法可分工笔、写意、兼工带写等，表现形式有壁画、卷轴、长卷、册页等。

（一）国画线条之美

国画历史悠久，战国时期就出现了画在丝织品上的绘画——帛画。在此之前还有原始岩画和彩陶画。这些早期绘画决定了国画以线为主要造型手段。国画能将繁杂的事物用简单的"线"表达出来，并能通过线条的变化表现一定的节奏和韵律。

（二）国画笔墨之美

墨在宣纸上能够产生变幻无穷的效果，这也是国画的生命力所在（图5-2-1）。国画的墨法有"点""染""擦""积墨""泼墨""破墨"等，笔中有墨，墨中有笔。国画笔墨以笔法为主导，充分发挥墨法的功能，彼此渗透。笔墨渗透着创作者对人生的认识和感触，可以状物抒情、表情达意，形成独特的风格。

（三）国画设色之美

国画创造了独特的计白当黑的审美观念。这种化繁为简的创作方法符合中国儒、道思想所追求的平淡中庸。在墨与色的关系上，一种是以墨为主，以色为辅；另一种是墨不碍色，色不碍墨，互不侵犯，相得益彰。古画论中的"随类赋彩"不是指照抄自然，而是画家们经过多年的探寻，得出的对自然物象概括的认识。中国山水画不像西洋风景画那样追求色彩在不同光影下的变化，设色主要讲究四季的区别，对自然风光的描绘往往"点到为止"。

（四）国画意境之美

国画是诗、书、画、印巧妙结合的艺术，提倡画中有诗，也就是追求像诗一样进行抒情，并且带有诗的韵律，也像诗那样善于创造美妙的意境，能激起欣赏者充分的想象。国画强调"外师造化，中得心源"，要求"意在笔先，画尽意在"，追求以形写神，形神兼备，气韵生动。国画的"妙在似与不似之间"和"不似之似"，在思想内容和艺术创作上反映了中华民族的社会意识和审美情趣，集中体现了人对自然、社会及与之相关联的政治、哲学、宗教、道德、文艺等的认识。

图 5-2-1　吕一中《荷池清香》

二、油画之美

油画 16 世纪中叶开始在欧洲迅速发展。它以易融化于油剂（松节油、亚麻仁油、核桃油等）的调和颜料，在亚麻布、纸板或木板上进行绘制。油画的工具和材料有油画笔、油画颜料、调色盘、调色油等，题材包括人物、静物、风景等，技法可分为写实、归纳、装饰等。油画的发展经历了古典、近代、现代时期，不同时期的油画受不同审美思想的支配和制约，呈现出不同的面貌。

（一）油画材料之美

油画颜料用干的色粉和适当黏度的一种或几种干性植物油调制而成。这种油料比其他调和剂干得慢，它不是通过水分的蒸发，而是通过氧化过程变干的。干燥后透明的油膜仍保留在色层中，光线甚至可以连续穿透多个色层。画家可以通过稀释剂控制颜色表层的质感，如透明或不透明、有光泽或不反光等。油画材料特有的性质和技法，决定了作品会给观者带来不同的视觉感受。

（二）油画写实之美

古典油画具有严谨写实的画风，能够充分表现出色彩的细微变化，以及光感、质感的不同，在画面上营造一种身临其境般的感觉。艺术家通过对外部物象的观察与描摹，以绘画的形式再现外界的物象，追求自然的光感和真实感，从而表达自身的感受。这种表现方法忠实于客观物象的自然形态，有鲜明的形象特征，符合欣赏者的视觉经验并能给欣赏者提供审美愉悦。

（三）油画归纳之美

归纳指在造型的基础上，概括地表现色彩关系的基本技法。艺术家概括、提炼对物体的色彩感觉，并利用有规律、有秩序的用色方法，把景物所呈现的纷繁复杂的色彩变得简练和谐而不失生动。归纳画法在追求单纯、鲜明、有序的画面效果的同时，也注意保持立体感和空间感，特点是设计意识明确、构思新颖独特、色彩层次分明、主调突出且协调完美，画面概括、醒目、规范、统一。艺术家要留心画面色彩控制和用色习惯，培养以简练的语言达意、以质朴的美姿感人的艺术品质。

（四）油画装饰之美

装饰指对画面色彩进行整理、归纳和概括，并按照美的法则和主题的需要对色彩进行变色、变调的加工，强化主观感受，创造某种特定的艺术氛围和效果，使色彩成为反映艺术家审美观点和意图的有力手段。装饰色彩往往带有理想化倾向，以象征的手法明确、清晰地概括和表现。装饰一般不受光源色、环境色和固有色的束缚，完全根据艺术家的主观意识和需要来表现色彩的色调、冷暖以及色彩之间的相互配置与变化，使画面达到和谐、优美、统一的效果，从而揭示色彩艺术的普遍规律。

学与悟

同学们，请比较一下归纳画法与直接画法、抽象画法的异同。

三、版画之美

版画是视觉艺术的重要门类，主要指由艺术家构思创作并且经过制版和印刷程序而产生的艺术作品。版画是以刀或化学药品等在木、石、麻胶、铜、锌等版面上雕刻或蚀刻后印刷出来的图画，一直伴随着印刷技术的进步而发展。版画按使用材料可分为木版画、石版画、铜版画、锌版画、丝网版画等；按颜色可分为黑白版画、单色版画、套色版画等；按制作方法可分为凹版版画、凸版版画、平版版画、孔版版画、综合版版画等。

（一）版画形式之美

古代版画主要指木刻，独特的刀味与木味使它在中国艺术史上具有独特的艺术价值。版画的艺术特点是尽可能利用对象的本色，显出木味；巧妙利用"留黑"手法，对刻画的形体作特殊处理，获得版画特有的艺术效果。版画作品中的一些白色部分，需要作者"留空"。版画能通过巧妙构图，以丰满密集或萧疏简淡的风格来衬托和表现主题。版画作品中的大黑大白具有强烈的对比和构成形式感，视觉冲击力强。

版画具有可视性审美的平面性造型的形式美感，其艺术表现过程是间接的，需要通过反复的印刷来完成创作。带着偶然性的印痕艺术也有很强的审美特征。

（二）版画凹凸之美

凸版版画是在版平面上，刻去画稿的空白部分，留下有形象的部分。版面留下（未被刻去）的部分凸起，故称凸版。凸版版画一般指木刻，材料有木、石、砖、麻胶（或塑料）等。木刻用的木材因地而异，一般以软硬适度、纹理细致者为宜。中国木刻版画刻的是木材的纵切面，称木面木刻。西方有些木刻用质坚木材的横断面，称木口木刻。凹版与凸版相反，是在版平面上刻出凹线，滚上油墨后即可印出黑地白线的图像。磨光的金属版面不吸收油墨，可用布轻轻擦拭油墨。油墨会留在版面被刻破的地方。版画通过不同的技法来制造凹凸，然后印刷出独特的视觉图形，让人感受到不同的绘画美。

（三）版画印刷之美

木刻版画以刀代笔，讲究刀法，恰如书画讲究笔法一样。刻画和画画相反，是在黑地上刻出白线（或块），艺术家应掌握这个特点来追求与笔画不同的木刻特色。用锋利的刀在质硬的木材上刻画，自然会产生金石味，或被称作刀味、木味。版画还必须经过印刷，而手工印刷又有很多技巧，这些都是版画艺术创造的组成部分。在一个版上可以印出浓淡的变化，也可两色叠印产生第三种颜色，甚至同一版画作品会因印刷的先后出现细微的差异，体现不同的印刷美。

四、水彩之美

水彩是以水为媒介，通过水和色的调合，渲染在特制的水彩画纸上的绘画。水彩所用颜料多数具有透明性，会带给欣赏者轻快明净、润泽流畅的感觉，与国画的写意有异曲同工之妙。水彩讲究光影的变化和色彩的融合，注重用笔的灵动。水彩题材多样，包括人物画、风景画、静物画等；表现技法丰富，有干画法、湿画法、干湿结合画法等。

（一）水彩透明之美

水彩透明而灵动，颜料的透明性会使其产生一种明澈的表面效果。水彩大多显得通透。它以水为媒介，充分利用颜料的透明性，表现自然洒脱的意趣，形成清新、亮丽、透明的艺术语言，是设计师与艺术家收集素材和创作灵感，表达生活体验的有效且直接的表现方式。

（二）水彩流动之美

利用水的流移和自然渗化对笔触的影响，水彩的画面可产生湿润、柔和、若隐若现的感觉，呈现出水色淋漓的特殊效果。水色渗透、晕化、淋漓可以使色彩获得自然、柔和、滋润的视觉美感，充分体现出透明、流畅和轻快的特点。这比较适宜表现迷离、虚幻、明暗色彩柔和的景象，如远景、雨景、雾景，以及物体暗部和需要表现虚幻的部分。

（三）水彩肌理之美

肌理指充分利用物体表面的纹理，有意呈现不同的肌理效果，增加绘画的表现力和趣味性，主要包括厚与薄、粗糙与光滑、透明与不透明、反光与不反光、画布纹理的粗与细等。水彩用笔变化多样，技法丰富，艺术家可以充分利用画材和用笔，制造不同的肌理效果，产生丰富的肌理美（图5-2-2）。现代水彩不但可以表现得清新、透明、湿润、流畅、欢快，还可以显得浑厚、粗犷、挺拔。水彩善于汲取其他画种的技法和风格，也注意保留并弘扬在物质材料、形式语言、精神意蕴等方面特有的艺术风貌。

五、漆画之美

漆画是以天然大漆为主要媒材的绘画。除漆之外，入画材料还有金银箔粉、螺钿、蛋壳等。漆画既是艺术品，也是实用装饰品，可用于屏风、壁饰等。漆画技法丰富，分为变涂、堆塑、磨绘、刻填、镶嵌、描绘、罩染、髹涂等。综合运用不同技法，充分释放漆性，可尽显漆画之美。

（一）漆画材质之美

大漆具有黏性和透明性。"如胶似漆"的黏性不仅可以让漆可黏附于画板表面，漆自身还能黏住蛋壳、螺钿、漆粉、金银箔等。充分利用漆的黏性恰恰是漆画综合发挥各种材质之美感的关键。"神秘

图 5-2-2　李建强《干莲蓬》

莫测"的透明性是生漆经加温搅拌，水分子减少而漆分子致密才得到的。受固有棕褐色色素的影响，漆呈现的是一种半透明性。也正是由于棕褐色色素的存在，漆料具备一种稳重的美。透过半透明的漆层，我们能够看到底层的物象，加上底层肌理凹凸，漆层会产生差异，即厚的地方不易看清楚，薄的地方看得很清楚。这能产生一种雾里看花似的虚虚实实的感觉，于混沌之中增加了视觉的丰富性和艺术的想象性。

（二）漆画光泽之美

漆画表层的凹凸会形成镜面反射和强弱不同的漫反射光泽。漆画表面抛光后出现的镜面反射光泽非常迷人。譬如抛光后的黑漆，可以说是黑色里最黑的黑。黑漆漆层表面光的反射和漆层中折射的光让黑色显得深邃多变，含而不露，温润如玉。当代很多漆画艺术家创造性地将裱布、刮灰作为艺术语言直接用于漆画，不进行打磨抛光。这样形成的漫反射光泽明显不同于传统视觉经验，在丰富了漆画语言的同时也表现出敦厚质朴的光泽之美。

（三）漆画工艺之美

漆画制作首先是制造凹凸。制作漆画，先要在平整的漆板表面根据需要，用漆将蛋壳、螺钿类片状物以及碳粉、色漆类颗粒等硬质材料贴在画板上，或通过漆的堆高方式来制造各种凹凸起伏。干燥后，反复上色漆和贴箔，对凹凸进行填补。填补的次数越多，漆画最后呈现的肌理视觉效果就越丰富。填补凹凸往往先局部后整体，最后整体刷一层面漆。面漆能弱化凹凸，既方便下一步的研磨，又有利于画面的统一。然后是研磨凹凸。如果说制造凹凸、填补凹凸是做加法，那么研磨凹凸就是做减法。用垫有木块的水砂纸将凹凸打磨平整，让每层漆都能在平面上呈现出来。在底层凹凸的作用下，每层漆或隐或显，呈现出丰富的视觉效果。最后是抛光、研磨，让漆层表面产生迷人的光泽。

> **读与思**
>
> 漆画的制作深受传统漆工艺影响。传统漆工艺种类繁多、工序复杂、变化无穷，要运用于漆画，就要化繁为简。繁复的传统漆工艺"万变不离其宗"，本质上都是对漆层的凹凸处理，因此漆画制作要围绕凹凸进行。

🥛 欣赏美

绘画是造型艺术的基础，绘画训练可以提高人们的审美能力。优秀的绘画作品深受各国各族人民喜爱，同时也对世界文化艺术产生着深远的影响。请同学们扫码欣赏绘画作品，体验绘画之美。

扫码欣赏
《绘画佳作》二

☞ 体验美

请同学们扫码欣赏绘画作品，并结合本节所学的知识，找出国画、油画、版画、水彩、漆画各自的审美艺术特征。

扫码欣赏
《绘画佳作》三

📎 感悟美

当人类经过一次又一次的实验，终于获得了第一张照片的时候，那种喜悦我们不难想象。请观赏世界上第一张能够永久保存的照片《窗外》（图 5-3-1），用心去感受寻常的景物如何经历漫长的时光而最终定格。请想一想：你会选择什么样的方法留存影像？摄影的美可以表现在哪些方面？

图 5-3-1 尼埃普斯《窗外》

📷 走近美

摄影作为应用技术在多个领域大展手脚，它的出现改变了人们观察世界的方式。摄影这一全新的视觉语言如同一把钥匙，为人们开启了隐藏已久的宝藏，引领人们探索艺术新天地。

摄影有着自己的审美规律与特点。摄影师通过光线、影调、线条、色彩等造型语言，完成画面的艺术表达。即使面对相同的题材、相同的场景，不同的摄影师也会有截然不同的创作思路。瞬间的抉择、光线的感知、景别的把握、角度的选取、后期的暗房（传统或数字）技巧等，都会对最终画面产生影响。

摄影通常分为应用摄影与艺术摄影。广告摄影、风光摄影、人像摄影、建筑摄影、纪实摄影、新闻摄影、体育摄影等属于应用摄影，是为日常生活服务的；艺术摄影则是通过摄影的技术媒介探寻深层次的精神世界。本节我们主要围绕应用摄影，分析光线、构图等要素。下面让我们结合实际案例，共同走进摄影之美。

一、光线之美

光线是摄影的灵魂。正因为有光，才会出现"色彩斑斓"这样的动人词语；如若失去了光，世间万物都将黯然失色，摄影亦将不复存在。虽然科学技术一直在进步，但是照相机的基础构造并没有发生根本性变化。我们可以将照相机理解为由一个密闭不透光的盒子、一个镜头和感光材料（传统胶片或者数码照相机的 CMOS/CCD）构成的物体。拍摄一张照片需要光线先通过镜头进入盒子，并最终在感光材料上完成感光。

那么，如何运用照相机控制光线呢？可以肯定的是，我们无法掌控自然界中变幻莫测的阳光，如昼与夜、阴与晴。然而，我们可以通过光圈、快门、感光度来控制照相机进行曝光。

（一）光圈的美

光圈是镜头内部控制光孔大小的装置。如果要完成曝光，光线就需要通过镜头进入照相机内部，而光圈就用于调整进光量。摄影中，我们使用 F 值来表达光圈的大小：F 值越大，光圈越小，进光量越少；F 值越小，光圈越大，进光量越多。

（二）快门的美

快门相当于光线与照相机之间的一扇门。只有打开快门，光线才能投射到感光元件上完成曝光。我们通常所提到的快门速度其实是一个时间概念，指的是照相机快门帘开启到关闭的时间。快门速度的常用单位是秒。快门速度越快，进光量越少，能够捕捉到的高速动作就越清晰；快门速度越慢，进光量越多，相同的高速动作就会越模糊。

（三）感光度的美

感光度指的是感光元件对光线的敏感程度。它的量化标准体系被统一称为"ISO"。感光度数值的高低决定了画质的优劣。数值高则感光能力强，但相应的画质会降低，噪点较多；数值低则感光能力弱，但相应的画质会提升，更加细腻。因此，在环境较暗的时候，可以用较高感光度数值进行拍摄。

二、构图之美

摄影与绘画有着千丝万缕的关联。我们常说，摄影是加法，绘画是减法。一张好的照片离不开好的构图。在摄影中如何定义构图？一张照片具体包括什么？这两个问题会始终伴随着摄影创作。构图可以被理解为对照片的布局，以形成统一和谐的整体形式。

学与悟

请同学们利用课余时间了解安塞尔·亚当斯的分区曝光法。

读与思

当快门速度过快，光线过暗时，光线无法穿透感光材料的表层物质抵达其内部的感光层，需要增加曝光。此时代表光圈与快门关系的倒易率失效。

读与思

依靠你的照相机，你的眼睛，你的高度鉴别力，你的构图修养。你要重视色彩、光与影的变化；研究线条、影调变化同空间透视关系，耐心守候符合拍摄对象的最佳瞬间。

——萨达基奇·哈特曼

同样，构图也是一种将观众吸引到照片上的途径，是一种表达自我的工具，即通过形式感表达摄影师的深层思想。

构图是用照相机观察世界的一种方法。在这里，"观看"与"用照相机观察"是截然不同的概念。在欣赏美丽壮阔的景象时，用照相机选取合适的构图，进而通过照片将内心情绪表达出来，这是摄影艺术的创作（图 5-3-2）。当然，摄影不同于绘画。摄影师需要仔细判断现实世界中拍摄对象的线条、形状能否完成对创作思路的表达，要有意识地安排画面的构成。将所见所想通过构图的形式传递给观众，就是真实世界再创造的艺术审美视觉感受。

图 5-3-2　管波《山谷落日》

摄影是对生活本质的一种提纯。其中，构图最能表达摄影师的思想意图。找到拍摄主题后，需要选用相应的构图来呼应主题，使作品更具艺术感染力。摄影的常规构图大致有三分法构图、对角线构图、框架式构图、引导线构图、对称式构图等。画面的构成元素大致为点、线、形状、质感、色彩等。现实世界的真实环境往往非常复杂，我们在此讨论的仅仅是相对的状态，任何一种构图形式与构图元素都不是孤立存在的，它们往往互为补充。

三分法构图可以被理解为黄金分割比例的简化，应用最为广泛。这种构图追求将焦点放置在取景框内从上到下、从左到右划分为三份的相交点或者切线上，通常比较平淡（图 5-3-3）。其实，我们更应该注重如何打造画面的透视结构，毕竟照片始终是平面的二维图像，强调画面的纵深感才能创造性地营造画面的三维空间，使画面更加生动真实。

框架式构图通常应用于有前景的拍摄场景，如门框、窗户、山洞口等。这种构图利用景物周围的环境，营造画面的纵深感，引导观众自然而然地找到画面的主体，更好地领会摄影师的创作意图。这样的构图也会获得更好的视觉关注重心。

　　点是人类视觉中最基础的元素。摄影师需要不断观察并考虑画面中点的位置、大小、形状等（图5-3-4）。我们说的照片中的"点"，其实是相对比例和面积较小的物体，它很容易在整体的布局中形成视觉中心。如果画面中出现了两个"点"或者"多个点"，我们通常会将它们虚拟成一条视线。虚拟的线与真实的线在画面中同样重要。例如，欣赏者会随着拍摄对象的视线思考个体与环境的关系。

图 5-3-3　管波《盘旋》

　　线条与形状有助于塑造事物的轮廓。水平线条、垂直线条在画面布局中会形成重力均衡的视觉感受，而不平衡状态的倾斜线条、曲线等则会在画面中产生动感与速度（图5-3-5）。大多数时候，点与线条并不会以绝对孤立的形式存在，而是会形成规则的抑或是不规则的几何形状，如三角形、矩形等。画面要依靠点与线条的辅助来更好地完成造型表达。

图 5-3-4　管波《雨滴》

图 5-3-5　管波《午后窗影》

☕ **欣赏美** ●●●

　　摄影作品的欣赏可以从形式、内容、价值、社会意义等角度入手，这其实也属于摄影师与欣赏者的互动。摄影作品的创作大多时候伴随着随机性。不过，摄像师不能过度依靠不确定的瞬间，而应保持长久的关注与观察，即使这往往充满枯燥与寂寞，痛苦与挑战。"纸上得来终觉浅，绝知此事要躬行。"只有不断探寻摄影的特点与规律，进行长期的实践，才能在创作之路上获得成功。

一、技术性与艺术性

　　科学技术是促进摄影发展的重要因素。纵观摄影史，不难发现，每一次技术创新都带给了创作者新鲜的尝试。可以说，拥抱科技便是拥抱未来。从成像原理到曝光技术，我们很容易看到几何光学、物理光学、机械技术、电子科技等在摄影中的重要程度。所以，摄影的技术性是保证其艺术性得以实现的基础。

　　摄影与绘画的造型语言有相似之处。苏珊·桑塔格在《论摄影》中谈到绘画与摄影的关系："绘画的纯艺术地位则是托了摄影的福，摄影通过接管迄今被绘画所垄断的描绘现实的任务，把绘画解放出来，使绘画转而肩负其伟大的现代主义使命——抽象。"然而，摄影在当前阶段还无法获得纯粹的艺术性。可以相信，随着科学技术的革新，摄影在纯艺术性的道路上将获得强劲的动力。

二、纪实性

　　摄影可以通过技术手段准确无误地再现所拍摄的景象。以客观的角度记录事实，提供最真实的证据，这便是摄影与生俱来的属性。同样，摄影师要近距离地进行拍摄，遵循真实性原则，还原生活本貌。这样的纪实属性能够带给观众直击心灵的感受。

三、瞬间性

　　摄影的技术本质决定了每一次拍摄都只是拍摄事物发展运动过程中的片段、瞬间（图5-3-6），而现实生活瞬息万变，稍纵即逝。1952年，亨利·布列松在《决定性瞬间》中提出："世间万物都有其决定性瞬间。就我而言，拍照是一种不同于其他方式的视觉表达手段，而摄影就是在一瞬间。"

　　掌握摄影技术基础后，我们会发现，只要快门速度足够快，就能够记录到一切可见运动的静止时刻。如果换一种角度去理解这段静止的时间，相信会出现另一种奇妙的情境，那就是时间慢了下来。这会让我们对运动与时间产生全新的认知。以常见的街头车流场景为例，如何为这样的场景增加更丰富的视觉感受呢？慢速快门是比较合适的。《浪漫的夜》（图5-3-7）释放了画面的空间结构，延长了画面的时间，让车流的尾灯成为光绘的画笔，勾勒出非凡的线条造型，也因此将常见的场景陌生化，增强了画面的动感。

图 5-3-6　管波《捕食的瞬间》

图 5-3-7　管波《浪漫的夜》

　　需要注意的是，摄影师要注意保持情景交融的艺术创作初衷，在一些特定时刻，对作品的情感寄托能完成与观众的精神交流。拍摄中要留意观察人物的神态、动作、表情，进行最直观的情感捕捉。

　　摄影是一种交流的方式，但它没有语言，而是用一种艺术形式来传递感情。托尔斯泰曾说："艺术起源于人们想把个体的体验感情传递给他人，想要重新唤起这种感情，就要通过某种外在的形式表达呈现出来。"摄影师在观察社会、观察生活的时候，应该主动辨别，多加思考，这样才能在摄影创作中找到与观众相连的桥梁。

体验美

　　一张照片不仅是构图及曝光技术的组合，而且包含摄影师作为创作者融入其中的关注与情感。带来共鸣是摄影师进行叙事表达的最高目标。除了具备开端、发展的逻辑关系，照片的叙事也需要体现温度，表达真实的愿望。这便是对摄影艺术手段的运用，以及对生活的观察与态度。

　　请同学们根据《摄影之美》所呈现的拍摄思路，选择类似的场景，使用相关设备进行创作，并从中寻找摄影的美感。

扫码欣赏
《摄影之美》

学与悟

　　同学们，请根据视频中的创作思路，回忆一下，我们在实际拍摄中运用了哪些曝光技巧和哪些构图元素。

📎 **感悟美**

　　从有记载的人类建造活动开始，遍布于世界各地的建筑遗址就如同一部微缩电影，展示了人类发展所经历的沧桑。它们或远古而神秘，或恢宏而壮丽，或宁静而亘古，或纤巧而瑰丽……建筑外在形式及其内在的功能，无不受当地文化、历史、环境、技术、艺术等因素的影响。

　　你认识以下建筑作品吗（图5-4-1、图5-4-2）？你是否走进过它们？你知道它们的设计师是谁吗？它们带给了你怎样的感受？试着说一说，画一画，体会建筑带来的视觉享受。

图 5-4-1　北京故宫太和殿

图 5-4-2　苏州博物馆

📷 **走近美**

一、中国古代建筑之美

　　中国建筑是世界建筑史上延续时间最长的建筑体系。之所以能延续数千年，主要得益于以下方面。第一，中国靠山临水，农耕发达，能够长期自给自足，所以社会相对稳定，为建筑的延续和传承创造了条件。第二，中国地理环境封闭，有着大海、高山、沙漠的天然屏障，在交通不便的古代受外来影响较小。第三，中国古代文明发展程度较高，能自然地吸收某些外来因素，使其成为中国自己的东西。

　　中国建筑作为传统文化的重要组成部分，形成了特有的学科体系，为我们探讨中国传统文化和生活状况提供了重要的史学资料。古代建筑不仅是珍贵的历史文化遗产，还能为当今的建筑发展提供借鉴。

（一）宫殿建筑

中国现存最大、保存最完整的宫殿建筑，是位于北京的故宫。北京故宫仿自南京故宫，清代沿用明代旧宫，中间虽有重建、改建，但总体布局基本维持旧貌。

北京故宫始建于永乐四年（1406年），完成于永乐十八年（1420年），也称紫禁城，周围有护城河环绕。城墙四面设门，南面为正门（午门），北面为神武门，东面为东华门，西面为西华门，门上都设重檐门楼。城墙四隅有角楼，造型华美。

北京故宫沿着南北中轴线纵向排列前三殿、后三宫和御花园。前部宫殿宏伟壮丽，庭院明朗开阔，象征封建皇权至高无上。太和殿坐落在紫禁城对角线的中心，雄壮威严。后廷布置得深邃、紧凑，东西宫室自成一体，各有宫门宫墙，相对排列，秩序井然。

中国宫殿建筑的屋顶形式丰富多彩（图5-4-3）。北京故宫中，不同形式的屋顶有10种以上，满铺各色琉璃瓦件；主要殿座以黄色为主，皇子居所用绿色。其他蓝、紫、黑、翠等色彩缤纷的琉璃，多用在花园或琉璃壁上。太和殿屋顶正脊的两端各有琉璃吻兽，造型优美，稳重有力地吞住大脊。一部分瓦件还呈现出龙、凤、狮子、海马等动物形象，象征吉祥和威严。这些构件在建筑上起到了装饰作用。

（二）礼制建筑

在礼制建筑中，最高等级的坛庙当属天坛。天坛位于北京正阳门外东侧。明初迁都北京，按南京旧制，天地合祀于大祀殿。嘉靖九年（1530年），有大臣进言："古者祀天于圜丘，祀地于方丘。圜丘者，南郊地上之丘，丘圜而高，以象天也。方丘者，北郊泽中之丘，丘方而下，以象地也。"于是天地分祭，在大祀殿南建圜丘祭天，在北城安定门外另建方泽祭地。嘉靖十三年（1534年），圜丘改名天坛，方泽改名地坛。

图5-4-3　宫殿建筑的檐角

天坛有坛墙两重，分为内坛和外坛。坛墙南方北圆，象征天圆地方。主要建筑物在内坛，南有圜丘坛、皇穹宇，北有祈年殿、皇乾殿，由贯通南北的甬道丹陛桥连接起来。两侧地面下降，使得祈年殿坐落在较高的台基上，再加上殿宇本身的台基有三层，高约六米，所以登殿四望，已临空于柏树林之上。这种增高接天的做法，无疑增强了祭天所需的崇高神圣气氛。坛内还有巧妙运用声学原理建造的回音壁、三音石、对话石等，充分显示出古代中国建筑工艺之高超。

祈年殿（图5-4-4）是从大享殿而来的。大享殿最初为三层屋檐，用三色琉璃：上层蓝色象征天，中层黄色象征地，下层绿色象征万物。清乾隆年间，大享殿三檐统一了用色，并且更名祈年殿。蓝色的圆形屋顶配以白石台基和红色门窗，色调鲜明，对比强烈。

图 5-4-4　祈年殿

祈年门与祈年殿的距离约为殿高的三倍，由祈年门向内望，构图与视角均显得当。这组建筑的空间、环境、造型、色彩都特别成功，是中国古代建筑的杰作。

（三）宗教建筑

中国古代出现过多种宗教，其中延续时间较长、传播地域较广的有佛教和道教。这些宗教不但留下了丰富的建筑和艺术遗产（如殿阁、佛塔、经幢、石窟、雕刻、塑像、壁画等），并且对中国古代社会文化和思想的发展产生了深远的影响。

佛教大约在东汉初期传到中国，在两晋、南北朝时得到很大的发展。这时期出现了大量寺院、石窟和佛塔。杜牧说："南朝四百八十寺，多少楼台烟雨中。"可见其时佛寺数量之多。

以宗教建筑中的砖石佛塔为例，它主要分为楼阁塔、密檐塔与单层塔。楼阁塔符合传统建构，可供登临远眺，且坚固耐久，如西安大雁塔。密檐塔平面多为方形，外轮廓柔和，砖檐多用叠涩法砌筑，如河南登封嵩岳寺塔、西安小雁塔。单层塔多为僧人墓塔，规模小，数量多，如河南登封会善寺净藏禅师塔。

（四）民　居

中国幅员辽阔，不同地区在气候、文化、生活、审美上存在着显著的差异，其民居也在形式、布局、结构、造型和细部特征上显示出很大的不同。例如，北京一带有四合院，山西、陕西一带有晋陕窄院，云南有"一颗印"，浙江有"十三间头"，福建有客家土楼，河南、陕西有窑洞，内蒙古有毡包，西藏有碉房，新疆有"阿以旺"。

二、西方现代建筑之美

西方古代建筑主要选用石材，因而其发展基于石材的特性、拱券技术及雕刻技艺，流传至今的建筑也都古老而雄壮、坚固而精美。这相应地也带来了建造时间长、体量大、数量少的劣势。随着第二次工业革命和资本主义社会经济的大发展，大量居住、公共建筑亟待建设，继续沿用石材建造房屋显然不能满足人民生活和社会发展的需要。钢材和混凝土技术于是得到空前的发展，并出现了适应混凝土和钢材材料特性的建筑新形式。这种不同于以往的、具有大规模生产能力的建筑新风格被称为现代主义风格。

西方现代主义建筑又被称为理性主义建筑或功能主义建筑。现代主义建筑思潮产生于 19 世纪后期，成熟于 20 世纪 20 年代，20 世纪五六十年代风行全球。西方现代建筑在发展过程中涌现出一批具有开创精神的现代主义大师，他们对建筑的看法不尽相同，

学与悟

西方古代石材类建筑留存下来的遗迹很多，你了解哪些著名建筑？对它们的建筑风格、建造方法、结构技术、装饰工艺有什么认识？

请和同学们一起收集相关资料，进行讨论。

但也有一些共同点。例如，强调建筑要适应时代，现代建筑应同工业化社会相匹配；强调建筑师要研究和解决建筑的功能与经济问题；主张积极发挥新材料、新结构的性能与特征；主张摆脱过时的建筑式样的束缚，大胆创造新的建筑风格。

（一）格罗皮乌斯

格罗皮乌斯很早就主张建筑要跟随时代向前发展。格罗皮乌斯1911年设计的法古斯工厂（图5-4-5），其平面布置和体型主要依据生产上的需要，打破了对称的形式。立面上的处理具有典型的现代主义风格：①非对称的构图；②简洁整齐的墙面；③没有挑檐的屋顶；④大面积的玻璃墙；⑤取消柱子的建筑转角。这些手法和钢筋混凝土结构的性能一致，符合玻璃和金属建筑材料的特性，也适合建筑的功能需要，同时呈现出一种新的建筑形式美。法古斯工厂是格罗皮乌斯早期的重要作品，也是第一次世界大战前最先进的工业建筑。

此外，格罗皮乌斯还设计了德意志制造联盟科隆展览会办公楼（图5-4-6）、德绍的包豪斯新校舍。他在《全面建筑观》中提出："现代建筑不是老树上的分枝，而是从根上长出来的新株。"这是他关于现代建筑产生和发展的重要观点。

图5-4-5　法古斯工厂

图5-4-6　德意志制造联盟科隆展览会办公楼

（二）勒·柯布西耶

勒·柯布西耶是现代主义建筑运动的主将，不仅进行了大量建筑实践，在建筑理论方面也颇有建树。他的建筑活动和建筑作品，前期表现出较多的理性主义，后期表现出较多的浪漫主义。

柯布西耶1928年设计的萨伏伊别墅（图5-4-7），很像一架复杂的机器。因为有着机器般的造型，该建筑被人们视为"机器美学"的代表。萨伏伊别墅充分体现了新建筑的五个特点，即架空的底层、屋顶的花园、自由的平面、横向的长窗以及自由的立面。

图 5-4-7　萨伏伊别墅

　　柯布西耶设计了朗香教堂，这标志着他从前期的理性主义转变为后期的浪漫主义。朗香教堂平面很特殊，墙体几乎全是弯曲的，入口的一面墙还是倾斜的，上面有一些大大小小的窗洞。柯布西耶运用了一些不寻常的象征性手法，如卷曲的南墙东端挺拔上升，指向天空；东面长廊开敞，意味着欢迎；墙体的倾斜、窗户的大小不一、室内光源的神秘、墙面的弯曲与棚顶的下坠等，都易使人失去判断大小、方向、水平或垂直的标准。

（三）密斯·凡·德·罗

　　密斯·凡·德·罗主张"少就是多"，强调"流动空间"，讲求技术精美，在现代主义建筑运动中独树一帜。他的建筑风格20世纪五六十年代风靡一时，被称为密斯风格。

　　密斯1929年设计的巴塞罗那世界博览会德国馆，是现代建筑中常用的流动空间的典型实例。整个德国馆立在并不高的基座上，主厅部分有8根十字形断面的钢柱，上面顶着一块薄薄的简单的屋顶板，隔墙有玻璃的和大理石的。这些墙位置灵活，纵横交错，有的延伸出去成为院墙，由此形成了既分隔又连通的半封闭半开敞的空间。德国馆用料讲究：地面用灰色的大理石；墙面用绿色的大理石；主厅内部一片独立的隔墙用华丽的白玛瑙石。玻璃隔墙有灰色和绿色的，一个水池的边缘衬砌黑色玻璃。不同颜色的大理石、玻璃，再加上镀克罗米的柱子，使这座建筑具有一种高贵、典雅、鲜亮的气质。

　　1956年，密斯设计了纽约花园大道上的西格拉姆大厦（图5-4-8）。这座大厦一度被誉为纽约最考究的大楼，采用紫铜窗框、粉红灰色的玻璃幕墙，充分体现了密斯设计的精美特质。

图 5-4-8　西格拉姆大厦

在现实生活中，西格拉姆大厦的玻璃幕墙不仅能反射周围的环境，还能反射天上漂移的云朵。密斯所追求的形式规整和晶莹的玻璃幕墙在此达到完美的统一。

（四）赖　特

赖特对建筑的看法也比较独特。他在美国西部建筑的基础上融合了浪漫主义精神，创造了富有田园情趣的"草原式住宅"，并在后来发展出"有机建筑"论。他在创作方法上重视内外空间的交融，既积极运用新材料和新结构，又注意发挥传统建筑材料的优点。同自然环境相结合是赖特建筑作品的最大特色。

赖特在宾夕法尼亚州建造的流水别墅是他的代表作品。这座别墅建造在地形起伏、林木繁盛并有溪水倾泻而下的地方。建筑主体位于瀑布上方，采用钢筋混凝土结构。外形上最突出的是一道道横墙和一条条竖墙间的纵横穿插，组成了线条交错的构图。栏墙色白而光洁，石墙色暗而粗犷，在水平和垂直的对比上又添上颜色和质感的对比，再加上光影的变化，流水别墅的体形更显活泼。

读与思

现代主义设计大师中，贝聿铭被誉为"现代建筑的最后大师"。

其代表作品有巴黎卢浮宫扩建工程、香港中国银行大厦、北京香山饭店、苏州博物馆新馆等。

欣赏美

建筑的形式首先基于内部空间和功能。请用本节所学的知识，体会和分析中国建筑师齐康设计的侵华日军南京大屠杀遇难同胞纪念馆和德国建筑师丹尼尔·里伯斯金设计的柏林犹太人纪念馆的相同之处及其各自的特点。

体验美

学习了这节课，请拿起相机，走出校园，在你所在的城市来一场建筑之旅吧。可以约朋友共同展开一趟古文化建筑之旅、现代建筑之旅、园林之旅、博物馆之旅……甚至可以利用假期去更多的城市，感受中外建筑大师的经典建筑。用眼去看，用笔去画，用相机去拍，用心去感受建筑的神奇和美妙吧。

第六课 表演艺术之美

第一节 音乐之美

📎 感悟美

请扫码欣赏音乐片段。请想一想：你从中感受到了什么？这段音乐引起了你怎样的共鸣？你知道音乐都由哪些要素组成吗？

📷 走近美

我们的生活中到处都有音乐相伴。手机铃声是音乐，打开电视有音乐，走进商场能听到音乐，甚至在心情愉悦的时候我们会不由地哼唱起音乐……有人说，音乐是最美好的语言，它可以调剂紧张、单调的生活，使人们的神经得到放松；也有人说音乐是开启人类智慧的钥匙，可以使人们获得听觉的愉悦，产生创作的灵感。音乐是以按时组织的、有规律的声波为媒介的艺术形式和文化活动。自古以来，人们不断创造着灿烂的音乐文化，以音乐艺术特有的形式来状物咏情、移风易俗、记录历史。

所有艺术都有其独特的手段。我们要听懂音乐，就必须了解音乐的体裁，如声乐作品和器乐作品；了解音乐的要素，如旋律、节奏、节拍、速度、力度、调式、调性等。

一、体裁之美

（一）声乐作品之美

声乐艺术属于音乐体裁的重要组成部分，是指由人声演唱的音乐。常见声乐作品体裁有民歌、艺术歌曲、合唱、歌剧、声乐套曲等。

1.民　歌

民歌是民族民间歌曲的简称，指劳动人民在生活和劳动中创作、流传的歌曲。民歌凝结着劳动人民朴素、纯真的品质，表达着劳动人民的内心世界，更集中体现了一个民族的风土人情和审美情趣。民歌的音乐语言简洁精炼，朗朗上口。代表性民歌有云南民

读与思

中国民歌主要有号子、山歌、小调。

号子也称劳动号子，是伴随劳动节奏而产生的，节奏性强。

山歌是人民大众在劳动中表情达意时产生的，即兴性强，热情奔放。

小调是在劳动之余，或在风俗集会上演唱的民歌，规整均匀，旋律性强。

扫码欣赏音乐片段

歌《小河淌水》、江苏民歌《茉莉花》、意大利民歌《桑塔·露琪亚》等。

2. 艺术歌曲

艺术歌曲是诗歌与音乐相结合的音乐体裁，是为室内音乐会创作的歌曲。艺术歌曲艺术性强，演唱技巧较高，歌词富有文学性，具有较强的表现力和欣赏性。代表性作品有李叔同的《送别》、门德尔松的《乘着歌声的翅膀》等。

3. 合　唱

合唱是人们喜闻乐见且参与度高的一种音乐表演形式，一般包含男女高、中、低不同声部。由于演唱人数多，歌词又能直抒胸臆，因此合唱能够很好地表达音乐作品的思想情感，引起歌者与听众的共鸣。代表性作品有《天路》《忆秦娥·娄山关》《闲聊波尔卡》等。

4. 歌　剧

歌剧源于欧洲，是以歌唱为主，同时综合戏剧、文学、舞蹈等多种艺术形式的音乐体裁。歌剧一般由管弦乐队伴奏，演员需要装扮成剧中角色，以独唱、重唱、合唱等多种歌唱形式来叙述故事。代表性作品有《白毛女》《费加罗的婚礼》等。

5. 声乐套曲

声乐套曲是在同一主题下，由若干首不同形式（如独唱、重唱、齐唱、合唱等）的声乐作品组合而成的。套曲中的歌曲可独立成曲，同时又在内容和逻辑上互有联系。它们在音乐方面既统一又有变化，共同组成了一个和谐的整体。代表性作品有《长征组歌》《黄河大合唱》等。

（二）器乐作品之美

器乐作品是指用乐器演奏的音乐作品。器乐的音域比声乐宽广，表达上不受文字限制，艺术表现更加自由。器乐作品演奏形式可分两大类：独奏作品与合奏作品。顾名思义，独奏作品是由一个人单独演奏的器乐作品，能凸显乐器本身的特点和音色，如古筝独奏作品《战台风》、小提琴独奏作品《沉思》。与之相对，合奏作品需由多人合作演奏，体裁主要有以下三种。

1. 中国民族管弦乐曲

中国民族管弦乐指由中国民族乐器合奏的乐曲，民族特色鲜明，地域性较强。演奏乐队借鉴了西方交响乐队的编制形式，包括吹管乐声部、弹拨乐声部、打击乐声部、拉弦乐声部（图6-1-1）。代表性作品有上海大同乐会改编的《春江花月夜》、刘明源改编的《喜洋洋》等。

读与思

按照发声原理和演奏方式，中国民族乐器主要分为吹奏乐器、弹拨乐器、拉弦乐器、打击乐器。

根据构造、性能和演奏方式，西方乐器主要有木管乐器、铜管乐器、弓弦乐器、键盘乐器、打击乐器。

读与思

民族管弦乐队常用乐器如下。

吹管乐组：笛、箫、笙、唢呐等。

弹拨乐组：筝、琵琶、阮、柳琴、扬琴、三弦等。

拉弦乐组：二胡、高胡、中胡、板胡等。

打击乐组：锣、鼓、碰铃、木鱼等。

图 6-1-1　民族管弦乐团

2.协奏曲

协奏曲，又称竞奏曲，指一件或多件独奏乐器与管弦乐队协同演奏的大型器乐套曲，主要显示独奏乐器的个性及技巧。由多件独奏乐器与管弦乐队协同演奏的一般称大协奏曲。代表性作品有小提琴协奏曲《梁山伯与祝英台》、大协奏曲《四季》。

3.交响曲

交响曲是管弦乐队演奏的包含多个乐章的大型套曲。18 世纪下半叶，维也纳古典乐派的海顿确立了古典交响乐团（图 6-1-2）的编制与配器法则。交响曲一般分为四个乐章。第一乐章为快板，音乐活泼；第二乐章为慢板，曲调优美；第三乐章为快板，常采用小步舞曲或谐谑曲；第四乐章为快板，常表现乐观、积极的欢庆场景。代表性作品有贝多芬的《降 E 大调第三交响曲》、李焕之的《春节序曲》等。

> **学与悟**
>
> 了解了器乐作品的体裁，请查阅资料，看一看奏鸣曲和室内乐分别是什么形式的。它们与协奏曲、交响曲有何异同？

图 6-1-2　交响乐团

二、要素之美

（一）旋律之美

旋律是由高低、长短、强弱不同的音按照一定的节奏有秩序地组织起来的，也称曲调。旋律是塑造音乐形象的最主要的手段，被誉为音乐的灵魂。旋律有许多类型，如悠扬宽广、激越奔放、低沉忧伤、欢愉明快……不同类型的旋律会带给人们不同的美感。

例如，关峡的《第一交响序曲》总能给予我们感动和力量，它是宽广悠长的，柔美中显现出雄伟豪迈，感人至深。二胡独奏《二泉映月》则让人觉得压抑低沉，整个旋律仿佛沉重的步伐，一步一步踏进欣赏者的心里。

扫码欣赏
《二泉映月》

（二）节奏与节拍之美

音的长短、强弱关系叫节奏，它是重要的音乐表现手段之一，能给旋律带来鲜明的风格，还能刻画不同的形象。相同时值的强拍与弱拍有规律地循环出现叫节拍。如果说旋律是音乐的血肉，那么节奏就是音乐的骨架，节拍就如同音乐的脉搏。通常情况下，节拍和节奏在音乐中总是交织在一起的，它们以音的长短和强弱，有规律地贯穿在音乐中。不同的节奏、节拍会带给听众不同的情绪。

二拍子的强弱规律是"强—弱"，与人们行进的步伐一致，适于表现坚定沉稳的情绪。队列歌曲《运动员进行曲》、意大利民歌《我的太阳》都采用了二拍子。

三拍子的律动感更强，它的强弱规律是"强—弱—弱"，富有舞蹈性，常常用于表现优美轻快的情绪，也可以表现微波荡漾的情景，如《杜鹃圆舞曲》《大海啊，故乡》。

四拍子的强弱规律是"强—弱—次强—弱"，强弱交替。因此，它适合表现深情、柔美、宽广的情绪，如歌曲《月亮代表我的心》《阳关三叠》等。

扫码欣赏
《运动员进行曲》

（三）速度与力度之美

1.速　度

速度指乐曲在演奏或演唱时的快慢程度。快速通常和激情、兴奋、紧张、活泼等音乐性格联系在一起，慢速多与安详、忧愁、沉思等情绪相关。

音乐作品的表现内容很丰富，即使同一曲调，用不同的速度来表演也会产生不同的效果，这也是音乐速度的魅力所在。比如，贺绿汀的管弦乐曲《森吉德玛》，前后部分旋律相同，速度不同，展现出不同的画面。再如，《康康舞曲》的曲调与管弦乐组曲《动物狂欢节》中《乌龟》的曲调相同，而速度形成反差。《乌龟》放慢了《康康舞曲》的急板，表现出乌龟诙谐缓慢地爬行，不时东张西望的憨态。

2.力　度

力度指音乐的强弱变化。较强的力度会带来雄浑、磅礴的效果，较弱的力度则善于表现细腻的情感。强弱力度的对比还可以表现由远到近、由近到远的时空变化，如合唱作品《雨后彩虹》。

（四）调式与调性之美

调性包括调式和主音。调式决定了音的排列规律，主音的音高决定了调式中各音的音高。唱歌时，我们有时会觉得自己起调太高，这里的"调"就是指调性。常见的有西洋大小调式和中国的民族调式。

大调式显得明亮、坚定，能够给人以力量，如《解放军进行曲》。小调式更适合表现暗淡、柔美，《天鹅湖》的主题旋律运用的就是小调式。如果转换某段旋律的调式，很可能出现惊喜。例如，我们非常熟悉的《两只老虎》是大调儿歌，作曲家马勒《第一交响乐》的第三乐章把这首儿歌转换为同主音的小调并将速度放缓，使音乐的色彩和情绪变得完全不同。

中国的民族调式是指以宫、商、角、徵、羽五声构成的五声调式及以五声为基础的六声和七声调式。代表性作品有民歌《绣荷包》《茉莉花》等。

（五）和声与复调之美

和声指两个以上不同的音按一定规律同时发声而构成的音响组合。简单来说，和声除了可以为主要曲调充当背景以外，本身还能赋予所表现内容和情绪以色彩，增强音乐的立体感。

复调中，两个或两个以上的旋律既独立对比又协调统一。例如，苏联作曲家穆索尔斯基的《两个犹太人》巧妙地运用复调的手法，展示了两位主人公的鲜明差异——一个又富又矮，另一个又穷又瘦。该作品是同时描绘不同形象的对比式复调的经典之作。

🍵 欣赏美 ●●●

音乐作为最古老、最具普遍性和感染力的艺术形式之一，是人类思想情感的艺术再现。下面让我们通过一些经典音乐作品，来欣赏音乐之美。

一、美美与共——小提琴协奏曲《梁山伯与祝英台》

小提琴协奏曲《梁山伯与祝英台》由陈刚、何占豪创作于 1958 年，取材于家喻户晓的中国民间爱情故事。

创作者将故事的主要情节概括为乐曲三个部分音乐表现的内容，再把它们融于欧洲传统奏鸣曲式的结构框架之中：呈示部（草桥结拜）、展开部（英台抗婚）、再现部（坟

扫码欣赏
《解放军进行曲》

扫码欣赏
马勒《第一交响乐》
第三乐章

读与思

《茉莉花》是一首家喻户晓的民歌，采用民族五声调式写成，旋律清新淳朴，委婉中带着刚劲，细腻中含着激情，充分展示了中国民族调式的魅力。意大利歌剧大师普契尼的歌剧《图兰朵》便选取了这首民歌作为音乐主题之一。

前化蝶）。作品还以越剧唱腔为素材，成功地将中国民族音乐与西方作曲技法融为一体，真正做到了美美与共。

呈示部中，在竖琴的伴奏下，小提琴演绎出纯朴美丽的"爱情主题"。旋律进行中，小提琴悠扬，并且有乐器高低音区的对比，刻画了主人公漫步于草桥亭畔的情景。伴随着笛声，大、小提琴的协奏出现，体现出主人公草桥结拜，手足情深。最后乐队整体进入，重现爱情主题旋律，在小提琴的华彩演奏中引出副主题部。

副主题部中，大小提琴与乐队交替展现，刻画出梁山伯与祝英台同窗三载的快乐时光以及二人长亭送别时的不舍之情。

展开部开始时的下行乐句、不和谐音以及沉重的锣鼓声昭示出故事的悲剧走向。小提琴用切分节奏引出抗婚主题，乐队与小提琴的反复交替，仿佛是向封建势力发出抗议。之后单簧管引出一段由爱情主题发展而来的慢板，描绘出梁山伯与祝英台楼台相会的动人情景。最后，梁山伯抑郁而死，音乐用快板和尖锐的音响表现出祝英台的悲痛欲绝，全曲达到高潮。

再现部，长笛与竖琴的优美旋律仿佛将人们带入了仙境，爱情主题再现，主人公化蝶，再无家族和社会的羁绊，在空中自由飞舞，互诉着永恒的爱情。

这部作品不仅讲述了中华民族古老动人的故事，更蕴藏着中华民族的精神理念，承载着中国人的审美理想。它作为一个中国文化符号，常被用为亚运会、奥运会等重大赛事的背景音乐。"嫦娥一号"也在太空中不停播放这首乐曲。

二、红色史诗——大型声乐套曲《长征组歌》

1934 年 8 月—1936 年 10 月，中国工农红军进行了震惊中外的二万五千里长征。红军战士历经艰险，终于在陕北胜利会师。《长征组歌》为纪念长征胜利三十周年而作，以生动的艺术形象再现了长征的艰辛历程。作品又名《红军不怕远征难》，由作曲家晨耕、生茂、唐诃、遇秋根据参加过长征的肖华所写的诗词改编。作曲家们将各地区的民间音乐与红军传统歌曲巧妙结合在一起，呈现出伟大长征的壮阔图景。作品共包括十个部分。

《告别》是一首混声合唱作品。作品主要描写红军从江西瑞金出发，与父老乡亲依依惜别的场景。中间的女声二部合唱采用了江西采茶戏的音乐元素，结尾部分用宽广的旋律表达出军民坚定的革命信仰。

扫码欣赏
《告别》

《突破封锁线》是一首二部合唱与轮唱作品。作品用快速的进行曲风格展现出红军战士勇往直前、奋不顾身的英雄气势。

《遵义会议放光芒》是一首女声二重唱与轮唱作品。作品运用了苗族山歌的元素，描绘出阳光明媚、万物复苏、春意盎然的景象。女声二重唱的唯美音色营造出清新优美的意境，象征着遵义会议后，在毛泽东的领导下，中国革命的未来充满曙光。

《四渡赤水出奇兵》是一首领唱与合唱作品。作品分为两部分，第一部分表现军民鱼水情，第二部分热烈歌颂"毛主席用兵如神"。

《飞越大渡河》是一首混声合唱作品。作品运用紧张的节奏和热烈的旋律，描写红军飞夺泸定桥、跨越大渡河的斗争场面。

《过雪山草地》是一首齐唱与二部合唱作品。作品开始用低沉的旋律描写红军过雪山草地时遇到的极大困难。中间部分用铿锵的节奏表现出红军迎难而上、以野菜充饥的顽强斗志。最后用高亢、豪迈的音乐表现出红军战士"革命理想高于天"的坚定信念。

《到吴起镇》是一首齐唱与二部合唱作品。作品选用陕北民歌的旋律，展现出红军陕北会师的欢庆场面。

《祝捷》是一首领唱与合唱作品。作品巧妙运用湖南花鼓戏的旋律，生动活泼地表现出红军直罗镇战役胜利后的庆祝场面。

《报喜》是一首领唱与合唱作品。领唱部分唱出了陕北百姓对红军的深厚情谊，合唱部分用比较自由的节奏、节拍表现出红二、红四方面军在甘孜会师时的欢悦情景。

《大会师》是一首混声合唱作品。作品部分再现了《告别》的主题音调，这种前后呼应的手法使得整部组歌首尾呼应、逻辑严密。整首作品气势磅礴，情绪激昂，歌颂了红军长征为中国革命的胜利作出的巨大贡献。

长征精神是民族精神的集中体现，是民族信仰的真切表达。几十年来，《长征组歌》历演不衰，激励着一代代中国青年奋勇向前——勿忘昨天的苦难辉煌，无愧今天的使命担当，不负明天的伟大梦想！

三、巅峰之作——贝多芬《d 小调第九交响曲》

这部作品是贝多芬于 1823 年创作完成的，也是贝多芬的重要代表作。作品分为四个乐章，因第四乐章加入了大型合唱，所以也被称作"合唱交响曲"。这部交响作品构思广阔，富含哲理，表达了贝多芬对自由、欢乐、团结、友爱的称颂。

乐曲的第一、第二乐章均采用小调，节奏为快板，色彩悲壮，表现了贝多芬的命途多舛。痛苦与绝望一直伴随着他，折磨着他，但他始终坚定生活的信念，顽强地与命运抗争。

第三乐章由痛苦转为宁静，采用如歌的行板，充满富于哲理的沉思和对美好生活的向往。

第四乐章是整部作品最宏伟的部分，可以说前三个乐章都在为第四乐章做铺垫。该乐章可以分为序奏和人声两个部分。序奏部分坚强刚毅，包含对前三乐章的回忆。接着木管徐徐引出"欢乐颂"的主题（第二部分人声），仿佛阳光冲破迷雾，照向大地。整个欢乐的主题渐渐拉开序幕，人声部分终于浮上水面。四个独唱演员引领着合唱队，唱出了德国诗人席勒的《欢乐颂》："欢乐女神，圣洁美丽，灿烂光芒照大地……"音乐的力度不断增强，乐队也开始全体演奏，音乐的情绪越来越高涨，热情赞颂着自由、平等、博爱。最后，全曲在乐声和欢呼中结束。

斗争一直充斥在贝多芬的作品中。《d 小调第九交响曲》能给在痛苦与绝望的风浪中挣扎的人以希望，听众能跟随着欢乐女神感受到无限的光明与憧憬。

👆 体验美

一、美的听赏

请同学们欣赏以下作品，并任选其一，运用本节所学的知识进行分析。

1. 山歌《三十里铺》
2. 合唱《在灿烂阳光下》
3. 唢呐独奏《百鸟朝凤》
4. 琵琶独奏《十面埋伏》
5. 民族管弦乐合奏《彩云追月》
6. 管弦乐曲《蓝色多瑙河》
7. 钢琴独奏《钟》

二、美的思索

音乐作品之所以有着强大的艺术感染力，正是因为它能够带给我们不同的音乐意境。意境是音乐形象的深层结构，代表一种底蕴、一种文化。同样是表现动物的飞翔，不同文化背景下的人会进行不同的艺术表现。请欣赏《野蜂飞舞》，并将其与《化蝶》进行对比，说一说它们有何异同。

扫码欣赏
《野蜂飞舞》

三、美的实践

请走进音乐厅，或以线上形式欣赏一场音乐会，让学习生活因音乐的美而更加有滋有味、有声有色。

第二节 舞蹈之美

📎 感悟美 ⋯⋯⋯⋯⋯⋯⋯⋯⋯⋯⋯⋯⋯⋯⋯⋯⋯⋯⋯⋯⋯⋯⋯⋯⋯⋯⋯⋯⋯ • • •

《雀之灵》动作唯美，情感丰富，区别于传统傣族舞蹈。请想一想：你从中看到了哪些表现手段？舞蹈的美可以表现在哪些方面？

📷 走近美 ⋯⋯⋯⋯⋯⋯⋯⋯⋯⋯⋯⋯⋯⋯⋯⋯⋯⋯⋯⋯⋯⋯⋯⋯⋯⋯⋯⋯⋯ • • •

舞蹈艺术以人体为物质载体，以动作为主要表现手段，并通过音乐、灯光、道具、舞台美术等多种艺术形式创造舞蹈形象。舞蹈形象包括人物、动物、植物等，能表现人们具体的需求，如生殖需求、劳动需求、游戏需求、表情需求、交流需求、演进需求等。舞蹈不仅是简单的身体动作，还是被规约在具体时间与空间之下的语言传达方式，彰显了人类的审美特点、社会文化、生命活力和丰富的精神世界。

关于舞蹈的分类，首先要确立特定的分类原则和方法。按照作用与目的，可将舞蹈分为生活舞蹈与艺术舞蹈。生活舞蹈包含习俗、宗教、社交、娱乐、教育等内容，存在于生活的语境中。艺术舞蹈存在于剧场，按照风格可分为古典舞、民间舞、现代舞、当代舞，按照表现体裁和样式可分为独舞、双人舞、三人舞、群舞、组舞、歌舞、舞蹈诗、歌舞剧、舞剧，按照舞蹈形象的特点可分为抒情性舞蹈、叙事性舞蹈、戏剧性舞蹈。

一、形态美

（一）和谐之美

和谐之美赋予舞蹈的内容和形式舒畅愉悦的美感。它是秀丽舒柔的，又是欢畅热烈的。前者往往给人以清风拂面的温柔之感，后者多以欢腾喜悦的气氛为主。

傣族舞蹈《水》塑造了柔美的傣族女子形象，形象地表现出傣族人民与自然的和谐相处，并在此基础上歌颂了生命之源水的滋养。通过肢体有韵律的颤动（胯部的左右轻摆），傣族女子时而如孔雀般轻盈起舞，时而如大象般沉缓行走。舞者用轻巧不失沉稳的律动贯穿了三道弯和一顺边的舞姿，动静结合，显得自然、真实、美好。

舞蹈作品《红绸舞》与《水》在气质上全然不同。欢乐、红火是《红绸舞》的主要审美特点。《红绸舞》是由长春市文工团集体创作的作品，背景是新中国的成立。它使人们的喜悦之情生动地迸发出来，是对街头文化的升华。飞舞的彩带随着情绪的推进变化出多样的形态；从独舞到双人舞，直至群舞，气氛越来越浓烈。二龙吐须、斜线、点阵等队形的运用更是增添了作品视觉上的审美趣味。

（二）雄伟之美

雄伟之美分为雄浑之美和崇高之美。雄浑之美与欢腾喜悦的审美气质相似，但从题材上看，二者也存在一定程度的差别。雄浑之美多了些阳刚之气，与带有矛盾、斗争的英勇之气相关。

舞蹈作品《秦俑魂》中，演员精湛的表演将中华英魂的气势表现得惟妙惟肖。形态威武刚建，动作干净利落，鼓声铿锵有力，秦俑在硝烟弥漫中挣扎，泥坯碎裂，而沉睡的战士即将苏醒。演员用有控制的拧动呈现出厚重的历史感，腾跃、旋转更是展现出坚忍不拔的意志。

崇高之美更加侧重对英雄的记述，氛围庄严。这类作品以歌颂英雄人物的崇高品格和伟大精神为主。舞剧《岳飞》由四大段构成，围绕血战之后、十二道金牌、宋金勾结、英雄遇害展开，既符合真实的历史，又表现了主人公深层的心理。作品并没有把岳飞塑造成一个拥有金刚不坏之身的、神仙般的人，而是把他呈现为一个有血有肉的人。正因如此，作品才能够直击观众内心。

（三）悲剧美与喜剧美

鲁迅说："悲剧将人生的有价值的东西毁灭给人看。"喜剧恰恰相反，它是把"那无价值的撕破给人看"。相同的是，两者都是用矛盾冲突表达正义与邪恶的较量、光明和黑暗的对峙。

悲剧美分为两种。一是悲壮的美。这类舞蹈通常表现个人为实现伟大正义的目标而奉献生命，代表作有《割不断的琴弦》。二是悲痛的美。这种美具有浓郁的讽刺意味，多以小人物的悲惨故事为缩影，以小见大，展现社会矛盾，代表作有《梁山伯与祝英台》。

喜剧美能带来轻松的审美态度，根据程度可分为滑稽、讽刺、幽默、诙谐。滑稽所塑造的人物形象和具体的语境呈现出强烈的对比与反差，如内心与外表、想象与现实、主流与非主流，代表作有《巴黎圣母院》。讽刺批判和揭露黑暗，无情地撕下伪善者冠冕堂皇的外衣，让其暴露在众人眼中。幽默用智慧的方式表述否定性的事物，使人们更容易接受，代表作有《半边裙子》。诙谐更加轻快，寓深刻的社会之理于简单的形式，代表作有《猴子掰苞谷》。

二、形式美

（一）舞蹈动作

动作是舞蹈的基本表现手段。舞蹈动作的含义是相对于非舞蹈动作而言的。其一，人体为舞蹈的物质材料；其二，形式分为动态和静态；其三，舞蹈动作发挥着表达感情、叙事、教育等功能。

　　研究动作离不开对人体的认识。若在自然科学视野下讨论人体，它是由骨骼、肌肉、血液等物质组成的有机体，这是从物质意义上谈。从生物意义上讲，人体是物质与生命意识的结合，有时空性、随意性、模仿性、表现性、认知性、超常性等特质。从人体到身体的研究又可从三个方面进行：文化观念的身体、美学观念的身体、舞蹈观念的身体。

　　舞蹈用不同意义、分类层面的身体动作表现不同的思想内涵。首先，身体动作由动态和静态构成，如中国古典舞的指、拳、掌、臂、臂动作等。其次，舞蹈动作的分类可从四个方面切入。按照身体部位分为头部、肩部、臂部、手部、腰部、腿部、脚，按照运动形态分为走、跑、跳、转、跳转等，按照形象作用分为主题动作、连接动作、装饰动作、技巧动作，按历史层面分为民俗舞动作、混合性舞蹈动作、创作舞动作。

（二）舞蹈构图

　　舞蹈构图由空间运动线和画面造型组成（图6-2-1）。

　　空间运动线指调度，就是舞者在舞蹈空间的运动线，可分为横线、竖线、斜线、曲折线、曲线。不同的线条有着不同的审美质感，横线平稳，竖线尖锐，斜线拓纵深，曲折线多跳动，曲线柔和。

　　画面造型是由群体舞者构成的图像，如方形、圆形、三角形，在此基础上又有对称和不对称之分。对称给人平衡之感，反之则失衡。稳定的三角形以攻击的、前进的感觉

图 6-2-1　舞蹈《小溪·江河·大海》

为主，圆形突出流畅，方形更显稳定。这些图形在集中和分散的情况下会营造出多种美感，需要放在具体的表演语境中详细分析。

（三）舞蹈音乐

音乐是舞蹈的重要组成部分。舞蹈是听不见的艺术，音乐弥补了这一缺陷，满足了欣赏者听觉方面的要求，并在节奏性、抒情性、时间性等方面与舞蹈高度契合，为音乐与舞蹈共同表现丰富的情感内涵提供了可能性。

音乐加强了舞蹈的表现力，并且能够明确地指示动作的意义。音乐是将舞蹈与观众联系起来的桥梁，便于让观众明白舞什么、为什么舞。音乐可以为舞蹈的编创组织动作，使动作与音乐的情感高度吻合。在音乐的选择上，要紧扣题材，并不断修改、完善。此外，音乐还可烘托情感环境，充分展现复杂的矛盾冲突和故事进程。

（四）舞蹈布景、灯光

布景是舞台美术的一部分。按照布景的材质分，有软景、硬景；按照布景的组成分，有天幕、网景、侧幕等；按照表现手法分，有写实、写意。布景意在提示环境、切割空间、迁移时空、外化心态，服务于舞蹈形象的表达。

舞蹈灯光从光色上看，可分为彩光、白光；从位置上看，分为面光、侧光、顶光灯；从作用上看，分为追光、逆光等。灯光的作用与布景类似，能增强客观景物的实际效果，切割现实与虚幻的空间，调节氛围与情调，增强舞蹈本身"动"的质感。

（五）舞蹈结构

"结构"一词具有多重含义，就舞蹈来讲有以下四种意义。其一，与舞蹈内容的编排相关，即如何开头、怎么发展、怎样结尾的问题。其二，广义的舞蹈结构指舞蹈文化的种类与形态，如道具、舞者、舞段等结构内容。狭义的舞蹈结构专指舞蹈艺术作品的结构。其三，从层次上看，分为舞蹈形式（外层结构）、内容的组织与安排（中层结构）、主题（深层结构）。其四，指舞蹈局部与整体之间的"关系"问题。舞蹈形象是整体，各个要素手段作为整体的部分存在，并与舞蹈形象的塑造紧密相连。

> **学与悟**
>
> 请同学们认真思考，你所看过的舞蹈作品常使用哪种舞蹈结构？选取舞蹈"结构"内涵的其中一个层面，谈谈这样"结构"的好处。

舞蹈结构的类型要与舞蹈的体裁匹配。情节式结构按照舞蹈所表达的事件进程布局，以开端、发展、高潮、结局为线索。情感结构用于抒情类的舞蹈作品，分为单一性情感结构、复合性情感结构。心理结构按照人物的心理活动组织和安排人物的行动线，多采用正叙、倒叙，将时空高度浓缩于舞台之上。时空顺序结构与时空交错结构都是艺术逻辑的体现，前者按照事件的顺序进行，是传统意义上的结构方式；后者打乱时空，交错共存，能够积极调动观众的情感，使其产生共鸣。情感色块结构根据人物情感、剧情的发展，用颜色来表现相应的内容。例如，在对四季的表达中，春天是绿色，夏天是红色，秋天是黄色，冬天是白色。

🍵 欣赏美 ....
                                                                                    ● ● ●

舞蹈是生存、生活、生命的表露，它以人体为载体创造出可知可感的舞蹈形象，体现了造型美和动态美、内容与形式的高度结合，是真、善、美的凝练表达。下面请同学们一同赏析优秀舞蹈作品，体验舞蹈之美。

一、以意表象、托物言志之美——《爱莲说》

《爱莲说》的动作节奏可圈可点：狂风袭来，她急速吸腿转，加快涮腰接一个踢前腿。她英姿勃发，坚强伫立，风刮不走，雨打不残。远处传来轻柔清丽的琵琶声，太阳的光芒洒向大地，她张开双臂，慢慢地下胸腰。舒缓的呼吸流淌到身体的每一处，她静静地享受着灿烂的阳光，很舒适，很温馨……这段舞姿在快与慢中展现，在戛然停止时表意。快是莲花面对风雨的坚强，慢是对莲花高洁生命的歌颂。快慢之间夹杂停顿，展现出生命顽强的姿态。整个舞段像一段动情的话语，节奏跌宕起伏，强弱得当，既有高声言说，又有轻声言语，还有强调与抒情之间的留白，给人以联想和感悟。

人们惊叹于莲花的清姿素容，喜爱她俯仰之间随风而倾的动态美。她的风姿在人们心中留下种种念想，荡漾起串串涟漪。艺术家将自己的信仰、追求镶到花瓣上，融进芳香中，形成莲花独特的意象，通过"象"的表达传递"意"的哲理。"象"的表达涉及舞蹈和所要表达之"物"的关系，即如何通过舞动塑造出"物"的形态。"意"的呈现则是把人的意识赋予"物"，使其具有一定的内涵。

《爱莲说》中，"象"的舞动可谓活灵活现，栩栩如生。莲花的圆和中国古典舞中"圆"的运动轨迹不谋而合。她那绰约的风姿恰可用提、沉、冲、靠的舞动加以展现。静态时，"兰花指"和"盘腕"尽显"圆花一蒂卷，交叶半心开"的美感；动态时，洒脱的舞姿、空灵的美感诉说着独立自尊、不馁不屈的傲骨。

二、荡气回肠、古拙质朴之美——《拉木鼓人》

舞蹈一开始，幽远的号角声响起，舞者双膝微弯，身体前屈，头部紧贴地面，双臂反向伸直，十指用力扩张。舞者用身体的顶点（头部）与地面的贴合表现敬畏，用身体向下的低空间姿势展现崇拜之意。紧接着，舞者紧握双拳，经丹田之气的释放，胸部向后拉抻，紧握的拳头与胸部形成了一前一后的对抗力，内韧而静谧，为下一个动作的启动积蓄能量。此时，厚重沧桑的鼓声与舞者胸部前顶的重拍契合，舞者双手捶胸的动作与双手击鼓的动作不谋而合，达到木鼓回响与身心共振的审美意境，给观众带来宁静深远、因纯净而升腾的美感。舞者在力的对抗与释放中造境，追求情景合一的境界，营造出荡气回肠的气氛。

三、以形传神、用神传情之美——《士兵兄弟》

整个作品快慢得当，节奏恰到好处，给观众带来了非同一般的视觉体验。一开始，两名士兵身体前倾，一人将手臂搭在另一人的肩膀上，此为静态造型，给人一种肃穆、敬重之感。随着雄浑有力的音乐逐渐响起，两名士兵由呼吸带动身体缓慢移动。忽然，一人展臂后倾，另外一人举枪向上，随着鼓点诠释出冲出敌人包围的动作，刚强坚毅。作品发展部分的动作则以连续流畅的质感为主，与前者产生对比，节奏由慢到快。一名士兵后抬腿，身体向前倾倒，另一名士兵身体向后倾倒，表现出在层层突围时起伏后仰、越过河流、隐蔽草丛、袭击敌人的情景，达到以形传神、用神传情的效果。动作幅度的夸张，速度的缓慢，带给观众无限的想象。虽然舞者的一条腿被固定在台子上，让舞台调度失去了施展的空间，但对身体"限制"的巧妙运用将停步不前的画面变成士兵在战场上狂奔的场景。

☞ **体验美**

请同学们欣赏舞蹈《八女投江》，结合本节所学的知识，分析作品的审美特征。

《八女投江》 →

舞蹈动作：

舞蹈构图：

舞蹈音乐：

舞蹈布景、灯光：

舞蹈结构：

第七课　综合艺术之美

第一节　戏剧之美

📎 **感悟美**

请扫码欣赏话剧《点心》片段，该话剧在形式上有别于传统的"舞台剧"。请想一想：你从中看到了哪些艺术形式？戏剧的美可以表现在哪些方面？

扫码欣赏
话剧《点心》片段

📷 **走近美**

在诸多艺术门类中，有的艺术被称为时间的艺术，如音乐、文学、舞蹈等，有的艺术被称为空间的艺术，如建筑、雕塑、绘画等。戏剧则是融合了时间与空间的艺术。剧本、配乐等属于戏剧中的时间艺术，布景、灯光、服装、道具等是戏剧中的空间艺术，此外还有演员的表演、导演的组织等，正是这些艺术的有机结合才形成了戏剧的独特魅力。

戏剧既包括话剧、歌剧、舞剧、音乐剧等，也包括中国的传统戏曲、日本的歌舞伎、古印度的古典戏剧、朝鲜的唱剧等。本节我们所谈的戏剧，特指以古希腊悲剧和喜剧为开端，在欧洲发展起来继而在全世界广泛流行的舞台演出形式，英文为 drama，也就是我们常说的"话剧"。

一、体裁之美

（一）悲剧之美

"由于突然洞见了命运的力量与人生的虚无"，人类意识到自身的短促性、渺小性、悲剧性，从而产生个体的孤独感、价值的空没感、生命的无奈感，进而产生悲剧意识。悲剧正源于人类的悲剧意识。

悲剧的定义来自亚里士多德，他认为悲剧能起到教化作用。在亚里士多德看来，悲剧、喜剧高于史诗和讽刺诗，而悲剧又高于喜剧。由此可见悲剧在戏剧中的地位之高，所以悲剧也被称为"戏剧之冠"。既然悲剧带给我们的感受往往是痛苦的，为什么还能有如此高的地位和评价呢?

悲剧以悲惨的结局来揭示生活中的罪恶,从而激起观众的悲愤及崇敬,达到提高思想情操的目的。悲剧揭露了现实生活的丑态,改变了人们盲目的乐观,迫使人们不得不直面现实。主人公与现实之间不可调和的冲突及其悲惨的结局,构成悲剧的基本内容。就在这正义的毁灭、英雄的牺牲或主人公困苦的命运之中,悲剧显示出人类巨大的精神力量,给观众带来了心灵的震撼,继而使观众得到美的熏陶。虽然悲剧所刻画的往往是失败的人物,但是这失败来自不可抗拒的灾难和厄运,人物本身始终追求美好的理想和崇高的人格,在失败中收获了胜利的灵魂。这就是悲剧性,或称悲剧美感。

(二)喜剧之美

如果说悲剧诞生于悲剧意识,那么喜剧就源自人类天性中的自由与激情。悲剧表现"严肃的行动",喜剧表现"可笑的行动"。喜剧所呈现的是幽默的美感,往往包含两个元素,即喜剧性的人物和喜剧性的情节。两者相辅相成,相互依存。喜剧性的人物推动了喜剧性的情节,喜剧性的情节成就了喜剧性的人物。

喜剧的矛盾冲突往往并不尖锐,是可以化解调和的。在矛盾双方中,阻挠一方通常显得非正义、愚蠢、荒诞。他们的可笑往往在于他们所追求的是没有价值和意义的目标,在试图达成那些虚妄甚至卑鄙的目标的过程中又搬起石头砸了自己的脚。喜剧世界中不存在不可战胜的邪恶或无法克服的障碍,矛盾的消除通常源自代表智慧和善良的一方的胜利。所有的问题最终都会得到解决,一切烦恼都会烟消云散。因此,喜剧常有皆大欢喜的结局。

喜剧也有教化作用,有对轻浮、自私、虚荣、可笑之人的讽刺。喜剧可以引发人们的笑声,但是这笑声并不是纯娱乐的,也不是媚俗和庸俗的,而是揭示正义、善良和真正价值的。

(三)正剧之美

正剧又被称为悲喜剧。在17世纪之前,学界只承认悲剧和喜剧这两种戏剧体裁,并且二者之间界限严格。18世纪,伴随着启蒙运动的兴起,很多剧作家开始对戏剧的体裁进行探索和突破,创作了一批"流泪喜剧"。之后,狄德罗第一次提出了"严肃剧"的概念,也称严肃喜剧,黑格尔则进一步将其定义为正剧。

正剧倡导"戏剧应该是生活的一面镜子"。正剧中的人物不是悲剧中的英雄人物,也不是喜剧所讽刺的对象,而是处在社会关系中的人。正剧所呈现的是"最普遍的行动",其主人公更加多样,题材更加广泛,思想更加深刻。正剧结合了悲剧和喜剧的元素,能够更准确地反映现实生活,增强了戏剧反映生活的广泛性和深刻性。

读与思

中国的喜剧可以追溯到秦汉时期。秦汉时期出现的以乐舞戏谑为业的俳优艺人,唐宋时期出现的参军戏,为宋代以后逐步发展出具备完整情节内容的戏剧奠定了基础。

读与思

启蒙运动指17—18世纪以法国为中心展开的一场资产阶级和人民大众的反封建、反教会的思想文化运动。启蒙运动覆盖了各个知识领域,如自然科学、哲学、伦理学、政治学、经济学、历史学、文学、教育学等,宣传自由、民主和平等,进一步解放了人们的思想。

二、要素之美

（一）戏剧动作

动作是戏剧最基本的表现手段。一个完整的戏剧动作应该可以回答三个问题：做什么，为什么做，怎么做。做什么指所做动作的内容，如演员在舞台上推窗、开门、端茶倒水。为什么做指人物的心理动机。例如，人物为什么要推窗，为什么要开门。怎么做指具体的动作方式。

剧本准确地提供了说什么和做什么，而为什么说、为什么做、怎么说、怎么做却需要演员自己来填补。在角色塑造的过程中，情感、思想、阅历、经验、修养、人格、学识等会影响演员对于角色的理解，也决定着角色塑造的艺术高度。演员为了塑造出更完美的角色，要不断学习、不断提高，让自己从意识到观念、从经验到学识、从思想到人格不断趋于完美。

（二）戏剧冲突

冲突是戏剧的生命，没有冲突就没有戏剧，戏剧所表现的正是矛盾冲突产生、发展、解决的过程。人物的性格、生活的本质、作品的主题都是靠矛盾冲突展现出来的。

戏剧冲突可以被理解为动机—阻碍—结果的模型。阻碍是矛盾冲突的核心。剧中人物会为了实现某一目标而产生动机，紧接着会为了实现这一目标而采取行动。他会在行动的过程中遇到各种障碍。有时，这种障碍来自外部。人物的动机互相冲突，就形成了外部冲突。例如，《茶馆》中常四爷和秦二爷在对要饭母女的态度上产生了分歧。有时，这种障碍来自人物的内心。内心有两个要实现的目标，且互相排斥，就形成了内部冲突。例如，《茶馆》中康六卖女儿时内心有着挣扎。正是冲突的推动制造了一个个紧张场面，让情节引人入胜。冲突也会伴随双方力量的调和，或者事件发展的必然结果，或者人物性格的必然命运，最终得到化解。

（三）戏剧情境

戏剧矛盾冲突可以被简单理解为动机—阻碍—结果的模型，戏剧情境则是这个模型产生的基础。戏剧情境提供了特殊的时空、特殊的事件、特殊的人物关系，是导致人物行动的外因，推动人物必须行动。不同的关系、不同的性格会使人物采取不一样的行动。在特殊的情境中，可以给人物足够的条件和刺激，促使人物通过行动展示自身性格。

戏剧情境同时是演员创作的重要依据。因为戏剧情境在剧本中已经被详细规定好了，所以也称规定情境。演员在规定情境中，要充分体验和理解自己所扮演的角色，再通过戏剧动作表现出来，呈现给观众。当我们作为观众欣赏戏剧时，戏剧情境是重要的媒介。通过演员的表演，观众能设身处地地感受到人物的处境，和人物产生共鸣，进而产生审美的感受和判断。

学与悟

　　冲突虽然是戏剧的重要元素，但是并不仅存于戏剧。小说、电影都需要借助冲突来展开情节。请想一想，你喜欢的戏剧、电影、小说作品中，主人公身上有什么冲突？

（四）戏剧场面

戏剧场面是戏剧构成的基本要素。作为观众，我们看戏看的就是人物在戏剧情境下的活动。这些由剧中人物在舞台上呈现出的生活画面就构成了一个个戏剧场面（图7-1-1）。

图 7-1-1　话剧《枣树》

1. 明场与暗场

场面依据时空特征可以分为明场与暗场。观众能通过演员的舞台表演直接欣赏到的戏剧场面是明场，不在舞台上呈现的戏剧场面是暗场。《茶馆》第一幕中，刘麻子与康六讨论卖女儿的事，这是明场。后院中斗殴的双方如何照面，如何打架，如何由黄胖子说和，如何吃了烂肉面和解，这些统统没有被呈现在观众面前，是暗场。

2. 主要场面与次要场面

场面依据剧情可以分为主要场面与次要场面。主要场面是指剧情发展过程中表现主题、主要人物性格、行为和矛盾冲突的场面，对剧情的发展有着非常重要的作用。次要场面一般用于引进和连接主要场面、过渡时空、烘托气氛，也称过场。《雷雨》中，周朴园逼迫繁漪喝药，表现了他作为封建家长的强势，交代了周朴园、周萍、繁漪之间的关系，这就是剧中的一个重要场面。

3. 戏剧性场面与抒情性场面

场面依据性质可以分为戏剧性场面与抒情性场面。戏剧性场面主要指冲突尖锐、情节紧张、变化激烈、斗争处于白热化的场面；抒情性场面指人物在极度激动、兴奋、紧张或内心充满激烈斗争的情境下抒发感情的场面。两者相辅相成，紧密相连，有时甚至同时出现。例如，《茶馆》高潮场面中三位老人自我送葬的场面达到了戏剧性与抒情性的高度结合。

> **学与悟**
>
> 同学们，请回忆一下，在你看过的话剧作品里，哪些内容是明场？哪些内容是暗场？

（五）戏剧悬念

戏剧离不开悬念。悬念指观众对于剧中人物命运、情节发展的期待和关切。戏剧悬念的构成需要以下条件：人物的命运潜伏着危机；剧情的发展存在两种结局，或生或死，或成或败；发生势均力敌而又必须有结果的冲突；人物的性格、行动能引起观众的爱憎；观众清楚未来事态发展的趋势。悬念存在于观众的审美过程之中，观众会对悬念产生兴趣，从而更加关注戏剧情节。

🍵 欣赏美

话剧是舶来品。以1907年春柳社在东京上演《黑奴吁天录》为开端，中国话剧已经走过了一百多年。下面让我们通过几部在中国话剧史上有着里程碑意义的名剧，来欣赏戏剧之美。

一、"东方舞台上的奇迹"——《茶馆》

"20世纪中国百年话剧史上，称得起经典剧目代表的只有两个，一个是上半叶的《雷雨》，一个是下半叶的《茶馆》。"《茶馆》是当代中国话剧舞台上最享盛名的剧目，也是老舍的话剧代表作。

《茶馆》结构上分三幕，以老北京一家叫裕泰的大茶馆的兴衰为背景，展示了从清末到北洋军阀时期再到抗战胜利以后，北京的社会风貌和各阶层不同人物的生活变迁。茶馆老板王利发虽然精明圆滑，呕心沥血，但仍挡不住茶馆衰败的结局。这从侧面反映了中国社会的走向，形象地说明了旧中国灭亡的必然性和新中国诞生的必然性。《茶馆》每一幕写一个时代，北京不同阶层的人出入其间。剧中人物性格鲜明，观众能够"闻其声知其人"。

老舍是语言艺术大师，他用平实质朴的语言刻画了许多生动的角色，展示出气势磅礴的历史画卷。戏剧家焦菊隐在排演《茶馆》时，就要求演员不能改动老舍剧本的任何一个字。《茶馆》以形散而神不散的结构、浮雕式的人像展览、独特的喜剧样式、诱人的语言魅力、侧面透露的手法，在世界艺术舞台上产生了极强的影响力，有"东方舞台上的奇迹"的美名。

《茶馆》也为后来许多剧作家的创作提供了经验。《左邻右舍》《小井胡同》《天下第一楼》等经典作品，都用平白流畅的北京话表现小人物悲欢离合的日常，观众从中多少都能看到《茶馆》的影子。

二、"话剧百年第一戏"——《雷雨》

曹禺在创作《雷雨》的时候只有 24 岁，这部作品也是曹禺的处女作。《雷雨》一经问世，就引起了巨大的反响，成为中国话剧史上的一座丰碑。《雷雨》的诞生打破了此前中国只能演国外话剧的局面，标志着中国话剧创作走向成熟。《雷雨》是中国话剧史上演出最多、演出团体最多的杰作。《雷雨》的演出史就是一部中国的导演艺术史和表演艺术史。

《雷雨》共四幕，以侍萍回到周家为全剧的开端，严格遵循古典主义戏剧"三一律"的结构原则，所有的矛盾冲突都高度集中在一天之内。作者通过精心的安排，让"现在的戏剧"和"过去的戏剧"相互穿插，将两个家庭、八个人物之间带有浓厚封建色彩的悲剧展现得淋漓尽致。这个家庭中所有的秘密和矛盾都在雷雨之夜爆发。《雷雨》在叙述家庭矛盾、怒斥封建家庭之腐朽的同时，反映了更为深层的社会及时代问题。

三、"探索剧集大成者"——《狗儿爷涅槃》

20 世纪 80 年代，中国话剧艺术的发展陷入停滞和迷茫，许多创作者尝试从原来的话剧创作体系中突围，探索全新的话剧创作方式。在众多"为形式而形式"的探索剧中，《狗儿爷涅槃》将深刻的内容与新颖的形式完美地结合起来，树立了新时期话剧艺术发展的标杆。

《狗儿爷涅槃》的情节在广阔的历史背景下展开，通过对狗儿爷这个人物充满悲喜色彩的命运的刻画，表现了对中国近千年农民历史性格的透视与反思。狗儿爷是典型的中国式农民，憨厚、淳朴、勤劳，却又狭隘保守、自私短视，还有点"小聪明"。狗儿爷像所有的农民一样秉持"有了地，没的能有。没了地，有的能没"的人生信条。作者又通过颇具象征意义的"门楼""图章""长袍马褂""吃咸菜泡香油"，揭示出狗儿爷无法摆脱数千年来农民身上的集体无意识：他所有的努力也不过是想和地主换换个儿。

《狗儿爷涅槃》在艺术上做出了非常成功的探索，大胆将中国传统戏曲和古典小说的写作技巧与西方表现主义戏剧创作方法相结合，借助主人公的独白来展开叙述，并让主人公与内心祈永年的幻象进行辩驳、争论、厮打，深刻表现了心理的真实。深刻的内涵，加上种种形式上的突破，让《狗儿爷涅槃》成为中国话剧史上里程碑式的作品。

🖒 **体验美** ·······························

请同学们欣赏话剧《一九九〇》片段，结合本节所学的知识，分析作品的审美特征。

扫码欣赏
话剧《一九九〇》
片段

《打开一九九〇》 ➜

戏剧动作：

戏剧冲突：

戏剧情境：

戏剧场面：

第二节　戏曲之美

🔖 感悟美

艺术共同的追求即真善美。戏剧表演是以真求善求美；戏曲表演则是以美求善求真。请欣赏《戏曲之美》，细细品味戏曲是如何展现美的，又是如何以美传达真善的。

📷 走近美

扫码欣赏
《戏曲之美》

戏曲是中国传统文化的重要载体，它是由中国式的词话、音律、表演、装扮等视听呈现方式构成的舞台表演艺术。中国戏曲高度综合了文学、说唱、绘画、诗歌、音乐、舞蹈、武术、杂技、手工艺等艺术形式，凝聚、传递着中国传统美学精神。从厅堂到瓦肆，从民间到宫廷，从田园到剧院，戏曲经过不断的演变，形成了自身特有的艺术气质。

一、形态之美

（一）静态美

1.亮　相

"形式之美，动静相宜。"在戏曲舞台上，一戳一站、一举一动皆有对美的关照。"站有站相，坐有坐相"，即使是在静止状态下，演员的仪态也要经过严格的艺术处理，手、脚、身姿、神态都要呈现出一种"雕塑美"。这里要讲一讲戏曲特有的静态呈现方式——亮相。亮相指戏曲表演过程中的艺术性短促停顿（亦可作为人物出场使用），一般采用雕塑化的姿态和神气来为一段精彩的表演点睛（图7-2-1）。亮相是戏曲表演特有的大写意手段，具有双重审美意义。亮相既关照剧情和角色本身，又从故事中抽离出来，以一个特定的完美姿态为表演做阶段性总结，给人物和故事一个喘息的机会。因为戏曲从不否

认艺术的假定性，所以可以很从容地"间离"。观众会接受这种审美规则，并且享受于其中。观众时而沉浸在故事情节中，时而跳脱出来为演员精湛的表演喝彩。

2. 装　扮

戏曲是色彩的艺术，最典型的莫过于戏曲脸谱（图7-2-2）。脸谱源于面具，被誉为"心灵的画面"。据说，兰陵王佩戴面具上战场厮杀，是为脸谱的起源。唐代有对"涂面"的记载。宋代有材料记录了内廷粉墨做优戏。宋元杂剧中脸谱色彩逐渐丰富，以颜色展示人物性格的特征也逐渐凸显。明传奇盛兴时期，脸谱的谱色和谱式愈加规范。清代，特定的发型使演员的脑门空间变大，图案比例发生变化。脸谱有繁有简，随着地方戏蓬勃兴起，脸谱也呈现出地域性和民族性。关于脸谱色彩，人们一般有以下理解：

　　　　红忠紫孝，黑正粉老。

　　　　水白奸邪，油白狂傲。

　　　　黄狠灰贪，蓝勇绿暴。

　　　　神佛精灵，金银普照。

以旦角为例。旦角的装扮精致华丽，从油彩打底、上红、散粉定妆、扫胭脂、描眉画眼、点朱唇，每道工序都非常考究。其中，颜色、线条、比例的调和是对容妆师和演员自身审美的考验。

图 7-2-1　京剧《雏凤凌空》

戏曲舞台上的人物看起来神采飞扬，这不仅要依靠演员经年累月的眼神练习，也要通过勒头把眉眼吊起来，使舞台形象格外精神。勒头对于演员和容妆师都是锤炼，演员要承受一定的头部压力，而容妆师要依靠手法以及对演员头部骨骼的认识进行专业操作，以减轻演员头部承受的压力，保证演员能够从容地进行舞台表演。

旦角梳头时，技术性最强的部分是贴片子。贴片子指将真发折成椭圆状或延展为宽条状，做成片子，从额心开始依次排列贴至两鬓，按照演员的脸型调整疏密和大小。而后，或是配以珠翠，或是配以花冠，以呈现出

图 7-2-2　京剧脸谱

戏曲中女性形象的璀璨和灵动。

（二）动态美

戏曲舞台表演是一场流动的盛筵，动静结合，两相得宜。唱、念、做、打、舞，手、眼、身、法、步，四功五法相辅相成，呈现出和谐的动态之美。

1.音律之美

戏曲剧种繁多，据不完全统计，有三四百种，可按照声腔分为板腔体和曲牌体。戏曲音乐讲究"腔有定格"，就是要有一定规范。曲牌体按照曲牌联套方式演绎音乐情感变化；板腔体则通过音乐板式变化和上下句音乐旋律变化推进音乐情感的发展。戏曲的声腔与方言有密切关系，唱腔的变化也与方言息息相关。

韩愈曾论"言之短长"与"声之高下"，揭示了中国语言和音律的内在奥秘。中国语言的特点是有"四声""平仄"，中国戏曲即依此营造出音律美。唱亦如歌，念亦如歌。唱是抒情，念是叙事。戏曲念白不是生活中的寻常言说，而是具有与唱相媲美的音乐性和艺术性。无论是韵白还是散白，戏曲念白都是经过艺术处理的，具有美感和仪式感。

2.程式之美

戏曲表演追求写意和唯美。戏曲舞台上的所有动作都带有舞蹈性和节奏性。经过数辈艺术家对自然形态动作的提炼和加工、修饰和美化，戏曲逐渐形成具有一定规范的程式动作。例如，戏曲表演中的开门、关门、上马、下马、投袖、掸尘、整冠、理髯等，都有既定的程式。复杂的程式化表演，有体现将军整装的"起霸"、呈现纵马驰骋的"趟马"、表现潜身夜行的"走边"等。戏曲对于身体的塑造是趋于极限的，对于美感的追求是无限的。凡有神经控制的地方都可以用来塑造动作，以体现人物形态上的美感。以旦角的手势为例，梅兰芳就创造了"53式兰花指"，使戏剧大师斯坦尼斯拉夫斯基赞叹不已。戏曲演员的眼神是需要训练的。在舒眉展眼的面部平铺状态下，张开眼帘，收敛内眼睑，使眼睛发出异常光彩，这是戏曲表演的精道之处。眼光所至，熠熠生辉，演员在这方面必须下非常之工夫。身姿、步态各有各的章法，不同行当（生、旦、净、丑）均有细致规矩，从而共同成就戏曲表演之美。

二、写意之美

中国戏曲同中国书法、绘画的审美意向是一致的，计白当黑，以形传神，注重意境的营造，讲究"真气内行"，追求"气韵生动"。写意是中国古典美学的一个重要命题，戏曲的大写意遵循诗化的原则，以虚拟实，以假当真，以少胜多，以简代繁，凭借假定的舞台时空和虚拟化的程式表演，从容处理宏细、收放、虚实的关系，在简约的形态中传递丰富的信息，运用空灵的意象表述纷繁的现实。"一桌二椅"（图7-2-3）可以营造玉楼金殿，也可以呈现白屋寒门。以桌当山、以桨作舟、以旗为车、以鞭代马

（图7-2-4），"三五步走尽天下，七八人百万雄兵"，这些都高度体现了中国文化略形写神、虚实相生的美学精神。

图 7-2-3　一桌二椅　　　　　　　　　　　图 7-2-4　马鞭

这种"无中生有"、以一当十的精炼，引导观众不以自然尺度看待舞台，能充分地激发观众的想象。由此，我们可以看出戏曲在处理空间关系时的自由度。这种高度的假定性和虚拟性让演出和观赏建立起一种契约关系，演员假戏真做，观众信以为真。这其中更是蕴藏着"道生一，一生二，二生三，三生万物"的中国哲学内涵。

三、人文之美

《周易》有言："文明以止，人文也。观乎天文，以察时变；观乎人文，以化成天下。"古典戏曲创作者大多主张人文，作品中的人文之美引人注目。戏曲是一种文化，是整个中国文化的有机组成部分。中国文化受儒家思想影响，注重伦理道德，因此，戏曲也偏重教诲功能。但戏曲的教化不是死板的教条主义，而是充满人文关怀和审美关照。

关汉卿《单刀会》第四折中的《驻马听》是曲词中的精品，有气概，有悲悯，有历史沧桑之感，有英雄报国之志。

【驻马听】水涌山叠，年少周郎何处也？不觉的灰飞烟灭，可怜黄盖转伤嗟。破曹的樯橹一时绝，鏖兵的江水由然热，好叫我情惨切！（云）这也不是江水，（唱）二十年流不尽的英雄血！

京剧《锁麟囊》中的一段唱腔也是荡气回肠，沁人心脾，道尽了人生悲欣。

【二黄慢板】一霎时把七情俱已昧尽，参透了酸辛处泪湿衣襟。我只道铁富贵一生注定，又谁知人生数顷刻分明。想当年我也曾撒娇使性，到今朝哪怕我不信前尘。这也是老天爷一番教训，他教我收余恨、免娇嗔、且自新、改性情、休恋逝水、苦海回身、早悟兰因。

戏曲中有"彤云低锁山河暗"的大惆怅，有"胡地衣冠懒穿戴"的大温情，有"一轮明月照芦花"的大意韵，有"青山绿水常在眼前"的大豁然。戏曲蕴藏着中华民族的血性、气概、豁达与温情，我们不仅能够从中获得美感体验，更可以从中受到中华民族的人文沐浴和道德审美教育。

读与思

中国戏曲的语言是诗化的、唯美的；文辞间所展现的人文精神是正面的、积极的。惩恶扬善是中国人普遍的精神诉求。汪曾祺说："希腊悲剧很好，中国式'大团圆'也没什么不好。"只要能从中体验美的精神，汲取美的养分，就达到了审美的目标。

一、埋乾坤难埋英雄怨——京剧《野猪林》

京剧《野猪林》取材于古典名著《水浒传》。北宋年间，八十万禁军教头林冲被太尉高俅陷害，发配沧州。高俅暗令解差在野猪林杀害林冲，鲁智深施手搭救。后来，林冲手刃仇人，冒风雪连夜投奔梁山泊。故事显然批判了封建制度的黑暗，表达出不畏强暴、伸张正义的思想。

图 7-2-5　京剧《野猪林》

1962 年上映的京剧电影《野猪林》（图 7-2-5），主演为京剧表演艺术家李少春、袁世海、杜近芳、孙盛武等，导演是崔嵬、陈怀皑。影片充分发挥镜头运动、时空自由切换、画面色彩丰富的优势，突破了舞台表演局限，细致呈现出戏曲表演的动态美。

李少春文武兼优，在《野猪林》中完美地塑造了一个让人敬、让人爱、让人叹的林冲。剧中有酣畅的唱腔和念白，有精彩的扑跌和武打，有传神的戏剧性表演和动人的情感抒发。在"白虎大堂"的经典段落中，李少春不仅运用了扑跌等戏曲表演技巧，还以大段"韵白"陈述冤情，字字含恨，句句泣血。锣鼓经交错其中，不断烘托情感，直至人心沸腾。在"长亭别妻"的段落中，委婉哀怨的唱腔使人潸然泪下。"火烧草料场"一段，林冲手刃仇敌，巧妙运用戏曲"把子功"呈现开打场面，翻打跌扑，刀剑纵横，美感十足。"大雪飘，扑人面，朔风阵阵透骨寒"这段唱腔，由李少春亲自创作，词曲俱佳，被奉为名段。煞尾处"风雪破屋瓦断苍天弄险，你何苦林冲头上逞威严，埋乾坤难埋英雄怨，忍孤愤山神庙暂避风寒"，写出英雄在末路悲凉中仍存斗志，令人慨叹。这体现了什么？"体现了我们民族的阳刚气质，体现了我们民族的英雄之气，展现了我们民族的血性与生气。"

二、十八里相送到长亭——越剧《梁山伯与祝与英台》

祝员外的女儿祝英台女扮男装出外求学，途遇书生梁山伯。二人志趣相投，在草桥以蝶为证，义结金兰。同窗三年，梁山伯对祝英台处处照应，祝英台暗生情愫，心许梁山伯。家中来信，催祝英台速归，梁山伯与祝英台十八里相送，依依惜别。分离之际，祝英台假九妹之名为梁山伯说媒，叮嘱他早来提亲。书院师母将祝英台所托信物转交梁山伯，梁山伯恍然大悟，速往祝府求亲，但此时祝英台已被许配给马家公子。梁山伯抑郁而死，祝英台殉情，二人化蝶相守。

　　1954 年上映的越剧电影《梁山伯与祝英台》（图 7-2-6）是一部国产彩色戏曲片。该片由徐进编剧，越剧表演艺术大师袁雪芬、范瑞娟主演，桑弧、黄沙执导。1955 年，《梁山伯与祝英台》在戛纳国际电影节放映，成为第一部在法国公映的新中国影片。

　　"十八相送"是梁祝故事中最经典、缠绵的桥段。据说，从书院到祝英台的家，正好十八里路；到梁山伯的家，也大约十八里。十八里相送，一路到长亭，出城过关，登山跨桥，翻山水，见花鸟，过井台高庙。祝英台用牡丹、鸳鸯、雌鹅、织女意

图 7-2-6　越剧《梁祝》

会自己是女儿身，可梁山伯难识就里，令人忍俊不禁。这十八里原来就是爱情的距离。越剧的声腔里蕴含着一种质朴和婉约，若说京剧像大山大河，那么越剧就像石上清泉，沁人心脾。

　　梁山伯与祝英台的故事是凄美且充满诗意的，二人最终以化蝶的方式冲破了家庭和礼法的桎梏。经历了漫长的岁月，美丽的蝴蝶早已飞进大众的心中，而悠扬的"书房门前一枝梅，树上鸟儿对打对。喜鹊满树喳喳叫，向你梁兄报喜来"也早已镌刻在民族的文化记忆里。

三、红岩上石榴花开映红旗——京剧《华子良》

　　现代京剧《华子良》（图 7-2-7）部分取材于小说《红岩》，以小说侧面描写的人物华子良为主线索展开叙述。该戏主题鲜明，立意深远，催人振奋，是一部兼具艺术价值和人文价值的主旋律戏曲作品。

　　1949 年山城重庆白公馆渣滓洞里，一批革命志士正面临着黎明前的黑暗。敌人下达"提前分批密裁"的屠杀计划，江姐、许云峰先后遇害，狱内外联络中断，情况危急。整天围着石榴树跑步的"疯

图 7-2-7　京剧《华子良》

子"华子良是忍辱负重、坚忍不拔、机智勇敢的共产党员。在地下党组织的领导下，华子良伪装疯癫，凭借智慧和胆魄与敌人展开周旋，最终顺利协助战友实现了越狱的计划。

全剧情节跌宕，节奏紧凑，在彰显伟大革命精神的同时，以战友情、夫妻情、父子情为情感脉络，贯穿始终。石榴树正代表着"七扭八歪，攀着高墙，任凭他风吹日晒暴雨降，狂风吹不倒，暴雨浇不死"的华子良。该戏以石榴树为情感支点，抒发华子良深厚的家国情。石榴树倾听了华子良的心声，也见证了他的勇气和智慧。作品也塑造了一群有情怀、有担当、有血肉的革命者，彰显其崇高的精神和伟大的信仰。

作品完美呈现了戏曲表演的四功五法。其一，音乐性强，旋律悠扬且抒情。京腔京韵中巧妙地融入"川号子"，体现出浓郁的地域色彩；唱腔设计行云流水。且听华子良"装疯吃馊饭"一场中的唱腔："汪汪汪，喵喵喵，咕咕咕，呱呱呱，我的那些个小狗小猫、小鸡和小鸭，你们都来吃啊！白公馆的长官请客啦。"按照京剧传统格律，这是根本不可能成腔的，但在续正泰的笔下，这段皮黄腔俏皮地诞生了。它打破了京剧行腔的定律（上下句对仗工整），完美地用皮黄腔演绎了散文体。狱中革命志士高唱《国际歌》，此时又穿插了狱警的念白。这既显得非常戏曲化，又突破了戏曲常规，巧妙且生动地呈现出革命者的崇高与敌人的卑劣。其二，舞蹈性强，身段动作师法传统，又独辟蹊径。剧中，华子良的"耍草帽"借鉴了《大闹天宫》；戏弄特派员的"耍鞋"源自传统剧目《打棍出箱》；"耍扁担"运用了十多种戏曲身段动作，吸收了《石秀探庄》的程式化表演，体现了"移步不换形"的戏曲创作精神。

汪曾祺说："京剧能表现出人物的精神状态，很难得。"功法之外，戏曲全面考验着演员对于角色的认知和审美。精、气、神是优秀戏曲作品的精魂所在。《华子良》无疑是一出精彩的好戏，是一出有精、气、神的好戏。

体验美

请同学们欣赏黄梅戏《徽州女人》，结合本节所学的知识，分析作品的审美特征。

《徽州女人》→

人物的念白和声腔：

程式化的形体动作：

意境：

第三节　影视之美

📎 **感悟美**

请欣赏电影《林家铺子》。请想一想：你从中看到了哪些不同的艺术形式？影视的美可以表现在哪些方面？

📷 **走近美**

爱森斯坦认为："几个世纪以来，各门艺术好像都在向电影汇拢；另一方面，电影也是理解一切其他艺术方法之门径。"匈牙利电影理论家贝拉·巴拉兹称电影为"具有最大影响力的现代艺术""我们世纪最富有大众性的艺术"。影视是综合性艺术，它既有自己独特的艺术表现手段，又能充分吸收和利用各门艺术的长处。

一、综合之美

影视艺术是摄制的画面和录制的声音经过剪辑而形成的有一定思想、内容的作品，能反映客观世界，表现创作者的思想。构成影视作品的基本视听元素就是画面和声音。

（一）画面之美

观看影视作品时，镜头里有什么，我们就看见什么。影视镜头通常有两种含义：一是指摄影机从开机到停机所拍摄的一组连续的画面；二是指摄影机用以成像的光学部件的统称。这里所讲的主要指前者。一个镜头可以是一幅画面，也可以由多幅画面组成。镜头是影视作品最基本的构成单位，包括构图、景别、角度、空间、运动、光影与色彩。

1.构　图

镜头构图是指影视作品画面内容的构成形式，是摄影师对画面中人、景、物、形、光、色等诸元素以及它们之间位置关系的总处理。构图的需要催生了现场调度，镜头中人与物的位置关系，拍摄者和被拍者的位置和运动关系，以及镜头自身的运动，都会直接影响构图。

2.景　别

景别一般可分为五种，由近至远为特写（指人体肩部以上）、近景（指人体胸部以上）、中景（指人体膝部以上）、全景（人体的全部和周围部分环境）、远景（被摄对象所处环境）。不同景别会在人的生理和心理中产生不同的投影。例如，好的特写能在逼视那些隐蔽的事物时给人一种体察入微的感觉，同时成为心灵的放大镜。

> **读与思**
>
> 影视作品中单个镜头的构成元素与摄影图片、绘画有相似之处，如都需要构图、色彩、空间处理，都是瞬间美的创造，都需要创作者对画面的美感有自觉的追求。

3. 角　度

角度是摄影机拍摄时的视角，即摄影师构图时运用取景器观察、选择而确定的画面拍摄位置，取决于拍摄距离、拍摄方向和拍摄高度。镜头角度常常表现着创作者的创作意图，对影视画面构成和影视叙事、场面调度、人物塑造有着至关重要的作用，是影视作品视觉风格的一部分。

4. 空　间

空间首先是指造型空间，即空间纵深感，是人们对客观世界中物体的位置、大小等的视觉感受。镜头空间的表现形式有以下四种。

平面分割：不强调纵深感，而以二维构图进行画面分割。画面中的形象常以平排处理，不强调前后位置关系。画面特点是以主体为依据，通过光色、线条进行平面布局和分配。

纵深处理：注重纵深处理，具有空间意识和电影化特点的镜头空间处理，强调景深。画面构图空间进行三层分割，有前景、中景和后景的纵深效果，体现透视感，注重前、后景的交流。

画外空间：镜头的空间意识延伸到视觉画面以外，经常利用角色的表演出入画，或通过声音暗示画外空间，大大拓展了空间的外缘，增强了电影空间的真实感。

镜像空间：采取合理的角度，利用镜子水面等反射，可以在镜头中提供一个以上的观察角度，获得更丰富的画面空间和戏剧表现力。

5. 运　动

机位运动过程中进行拍摄的镜头称运动镜头。镜头能通过不断运动、变换位置来改变物像之间的空间关系，使影视画面产生运动的感觉，从而更好地吸引观众的注意力，或对观众形成不同程度、不同形式的冲击。固定的镜头往往表现一种稳定的感觉。移动摄影能带来有活力的、变化着的、混乱无序的感觉。

运动镜头包括推、拉、摇、移、跟、升、降。连续不断的运动镜头可以展现时间的连续性，也可以表现时间和空间的不对称性。运动镜头空间的变化也会带来叙事变化，体现运动本身的性质，同时实现调度。不同空间和情境内的镜头运动常常暗含创作者的价值倾向，富有象征意味。例如，夸张的运动可表现狂喜和欢乐，颤抖的镜头可表现角色的恐惧。

6. 光　影

光是摄影的基础，画面上影像的形状、轮廓、结构、明暗、情调等，均会受到光的影响。光不仅给予画面上的形象以物质生命，而且赋予其艺术生命。

光影是影视艺术还原真实物质世界的关键元素，也是创作者表达创作意图的重要手段。影视创作者能通过光影刻画人物、表达情感、营造气氛、打造视觉风格。光影也可

读与思

蒙太奇使电影获得独立的艺术生命。20 世纪 20 年代，欧洲出现先锋派电影，第一次有了电影流派的说法。

电影史上产生较大影响的电影流派主要有欧洲先锋派、苏联学派、好莱坞商业电影、意大利新现实主义、法国新浪潮、现代派。

以成为影片的情节因素、戏剧性因素，给观众带来耐人寻味的影像效果。

7. 色　彩

色彩是一种语言，是思想、情绪的载体，同时可以创造节奏，成为有力的艺术表现手段。影视色彩具有客观性，运用得当可大大增加影视作品的真实感。影视色彩也可以是主观化的，作为人物心理的外化又反过来作用于情绪和情感。

（二）声音之美

声音能还原真实世界。人类生活在声音的环境中，通过声音进行交谈、表达思想以及开展各种活动。影视作品中，声音主要分为人声、音乐与音响。

1. 人　声

人声是人在传递信息，表达思想和喜怒哀乐时所发出的各种声音，可分为对白和旁白。对白是指两个或两个以上剧中人物的交谈活动的声音，是剧中人物交流的主要手段。旁白是指影视作品中以画外音形式出现的解说性、评论性语言，通常以第三人称式的客观视点或以影视作品中人物的第一人称式的主观视点出现。

学与悟

　　声音存在于生活的方方面面。如果声音消失了，这个世界就会如同无声片一样静默。声音也在其他艺术形式中经常出现，请同学们思考一下，影视、戏剧、音乐中声音的异同。

2. 音　乐

影视音乐是专为影视作品创作并编配的，是影视艺术的重要组成部分，能抒发感情，影响和控制节奏，概括主题思想，渲染气氛，加强影视作品结构的连贯性与完整性。影视音乐的形态分为画内音乐与画外音乐。画内音乐，即有声源音乐或客观音乐，指由画面内的声源提供的音乐，主要是为了增强影视作品的真实感和临场感。画外音乐，即无声源音乐或主观音乐，指音乐来自画面叙述场景以外，是创作者根据影片需要增添的，主要用来烘托、补充或丰富画面所要表达的情绪和情感。

3. 音　响

音响也称音效，是在人声与音乐之外，对影视作品中的声音的统称。音响是影视声音构成中最基本、最生动也最富有艺术表现力的部分。经过艺术处理的音响往往成为影视作品的剧作因素。音响的作用主要体现为渲染气氛、增加生活气息、延展画面空间等。好的音响也可以起象征性的作用，而这种作用通常是由剧情决定的。音响也常常被拿来用于连接镜头、切换场景。

声音和画面既相互依存又相互独立，共同构筑起影视艺术的视听形象空间。声画对位、对立、分立、冲突的关系会产生声画组合的蒙太奇效应。声画蒙太奇是影视独有的语言方式，具有奇妙的艺术表现力。

（三）剪辑之美

普多夫金说："从镜头构成场，从场构成片段，从片段构成本，这就叫作组接。组接是电影技师和脚本作者拥有的最重要的工具之一。"

蒙太奇是法文"montage"的音译，原为建筑学用语，有"装配，构成，升高或爬下"

之意。爱森斯坦、库里肖夫等电影大师在镜头剪辑与组合的科学实验和艺术实践中，发现了镜头组接能够产生一定的心理效应和艺术效果，称之为"蒙太奇"。从此，"蒙太奇"成为影视艺术的专用术语，并在艺术实践中产生了越来越丰富的内涵。

蒙太奇的一大功能是叙事，即通过选择和组接，把影视作品中各种行动成分按因果关系和它们与虚构世界的时间性关系连接起来。蒙太奇的另一大功能是表现。其直接作用不是连接情节片段，贯穿情节，而是借助影像或镜头间的冲突、对比来表现一种观念或引起一种情绪。

一般来说，影视艺术要经历三度创作。第一度创作是作家对文学剧本的创作；第二度创作来自导演、摄影，他们担负着把文学剧本中的文字形象转化为影视视觉形象的创作使命；第三度创作是剪辑。影视剪辑指对作品的结构、语言、节奏等进行最后的蒙太奇形象再塑造，使之定型。创作者要通过剪辑，准确地表达作品的主题思想；调整结构与掌握节奏，做到结构严谨和节奏鲜明；把镜头组合成真正完整的作品，增强作品的艺术表现力和感染力。

二、类型之美

"类型"（genre）是由文学研究引入电影理论的名词，指"类型"（type）或者"分类"（class）。这里我们专门就类型电影展开论述。所谓类型，是指基于不同题材或技巧而形成的影片范畴、种类或形式。类型电影具有如下特点。首先，类型电影的主题较为固定，如武侠电影要惩恶扬善，爱情电影要赞颂美好的爱情；其次，类型电影中的人物角色和人物关系基本是模式化的，人物类型基本也是符号化、定型化的（如侠客、警察、牛仔）；再次，类型电影的叙事结构是模式化的（如西部片从打破和谐到复归和谐的叙事结构）；最后，典型的类型电影在视听形式方面是模式化的（如西部片中陡峭的山谷、一望无际的荒漠）。

类型的出现是电影工业化、产业化的标志，同时暗含观众对特定类型的审美固化。例如，歌舞片是由大量歌舞组成的影片，主要依靠歌唱刻画人物、展开情节，突出表现歌曲、舞蹈之美，故事情节相对比较简单。

类型电影的作用有三。一是为电影工业的金融安全提供保护伞。类型电影能通过为电影工业提供生产逻辑或框架，促进成功模式的推广，从而减小金融风险。二是为观众提供一套规则和期待。三是提供一种批评框架。影评人能利用这种框架评判影片的质量，以及潜在观众的欣赏口味。

不同时代审美趣味的发展变化，决定了类型的演进和融合。需要注意的是，不管分得如何细致，电影也只能被大致区分，电影类型的边界并不是清晰固定的。一部电影可

学与悟

类型是好莱坞商业电影工业化、产业化的标志。改革开放后，中国商业电影经历了从模仿香港电影类型到模仿好莱坞电影类型再到形成自己的商业电影类型，表达中国自己的文化的过程。你最喜欢的电影类型是哪种？为什么？

以根据不同的分类标准（如题材、风格、手法）被视为爱情片、喜剧片、歌舞片等。

三、技术之美

影视艺术的发展紧密地和影视技术的前行联系在一起。以电影为例，借助于科学技术的发展，电影从无声到有声，从黑白到彩色，从胶片到数字，从单声道到多声道环绕立体声，从普通银幕到宽银幕，从 2D 到 3D，画面越来越美，声音越来越动听。

（一）电影是技术发明和应用的产物

视觉滞留原理的发现催生了活动影像的出现；摄影机的发明为电影提供了设备基础；连续拍摄与放映技术为电影的公映做好了准备。1895 年 12 月 28 日，法国卢米埃尔兄弟在巴黎一间咖啡馆的地下室里，第一次公映了《火车进站》《水浇园丁》《工厂大门》等短片。这一天成为电影的诞生日。

（二）有声电影的诞生

从现场音乐伴奏和真人配音发展到唱片与放映机同步播放，再发展到光学发声技术，有声电影逐渐成为现实。1927 年，世界上首部真正的有声电影《爵士歌王》上映，标志着有声电影的诞生。

（三）彩色电影的诞生

在电影诞生之初，就有人以人工涂色的方法给黑白胶片上色，试图使电影表现出某种彩色的视觉效果。1932 年，特艺色公司成功研制出三色染印法。同年，《名利场》上映，标志着彩色电影的诞生。

（四）数字影像时代的到来

1981 年，索尼推出数字技术照相机，标志着数字影像时代的到来。数字摄影机轻便易携带，数字剪辑比传统剪辑简单，数字媒介节省了影视发行与放映的成本，数字影像在清晰度和解析度上颇具优势。数字技术也彻底改变了电影特效，在影视时空观念、影像形式等方面进行了有力的探索。从《星球大战》到《黑客帝国》，再到《阿凡达》，科技的发展使影像有了更多的可能性。

近年来，数字技术的迅速发展改变了电影与电视互为竞争对手的格局，创造了信息共享、多元交互的多媒体工作体系。

学与悟

同学们，请回忆一下，在你看过的影视作品中，哪部作品的视觉特效镜头与特效段落是你的最爱？为什么？

欣赏美

从 1905 年电影《定军山》上映到现在，中国影视已走过一百多年，其中涌现出很多优秀的影视作品。下面让我们通过两部电影，一起来欣赏影视之美。

一、精美绝伦的心理剧——《小城之春》

《小城之春》是中国早期电影大师费穆的代表作。家境败落的戴礼言与妻子周玉纹已分居，戴礼言的好友章志忱路过小城，来戴家做客。章志忱以前与周玉纹有一段恋情，此时二人旧情复燃。与此同时，戴礼言的妹妹戴秀也对章志忱萌生爱意。最后，章志忱与周玉纹"发乎情而止乎礼"，周玉纹的小城生活复归于初。

费穆在处理这个充满心理活动的故事时，游刃有余地调动了各种电影表现手法。费穆使用独白来表现周玉纹的内心活动，使内心独白与画面表现形成奇妙的对位。影片一开始，随着周玉纹的内心独白展开对环境的介绍，这使得镜头中的景物有了周玉纹内心视像般的主观特点。在周玉纹走进家门时，费穆有意使独白与实际发生的事件产生矛盾，以突出周玉纹日复一日的无聊生活，比较深刻地表现了周玉纹在日常生活中日益麻木的心灵。有的时候，周玉纹的内心独白会超越故事，增加了故事表现的主观色彩。当画面上出现迈步走来的章志忱时，画外出现的是周玉纹充满不安的内心独白："谁知道会有一个人来。"

在台词处理上，费穆使用了大量不完整的台词，准确、巧妙地再现了主人公踌躇难断的矛盾心理。观众能通过这种不完整的台词，透视人物的潜台词，这也凸显了导演创作手法的精巧。

二、视觉隐喻和生命礼赞——《红高粱》

作为一部有意追求观赏性的影片，《红高粱》以精湛的技巧和浓郁的色彩引起了广泛的关注。在1988年第38届柏林国际电影节上，它赢得了最佳影片奖。

视觉隐喻（以舞动的高粱象征生命的跃动）和对色彩的大胆处理是使《红高粱》脱颖而出的关键。"我爷爷"和"我奶奶"的故事在这种新的电影艺术观念之下更多地体现为一种叙事载体，而叙事结构明显带有拼接感。不过这种拼接是建立在顺时的、情节性的基本叙事原则基础上的，整个情节链条是环环相扣、层层递进的。附着在叙事结构之上的对影像造型的风格化处理，在情节和故事之外充当了"文眼"，表达了创作主体对生命价值的另一种理解和判断，如颠轿时翻腾的黄土和随着花轿的晃动而自然移动的摄影。所有这些浓重的色调和富于冲击力的视觉形象，都在引导观众认同叙事和主人公的同时，有意识地与人物保持一定的距离。观众退到"祭坛"的下面，以崇敬的心情仰视生命的澎湃与张扬。

体验美

请同学们欣赏电视剧《觉醒年代》，结合本节所学的知识，分析作品的审美特征。

《觉醒年代》 →

画面：

声音：

剪辑：

参考文献

芬奇 . 芬奇论绘画 [M]. 戴勉，编译 . 北京：人民美术出版社，1979.

郝文武 . 教育哲学 [M]. 北京：人民教育出版社，2006.

郭青春 . 审美入门 [M]. 北京：国家开放大学出版社，2021.

高尔基 . 高尔基政论杂文集 [M]. 孟昌，译 . 北京：生活·读书·新知三联书店，1982.

秦言 . 中国历代诗词名句典 [M]. 北京：中国商业出版社，2011.

何宇明 . 岳阳楼记正义 [M]. 成都：四川文艺出版社，2019.

顾永芝 . 美学原理 [M]. 南京：东南大学出版社，2008.

彭吉象，郭青春 . 美学教程 [M]. 2 版 . 北京：中央广播电视大学出版社，2008.

杨辛，甘霖，刘荣凯 . 美学原理纲要 [M]. 北京：北京大学出版社，1989.

张燕梅，王国武，于敦厚，董文 . 美育 [M]. 大连：大连理工大学出版社，1993.

杨建邺 . 杨振宁传 [M]. 2 版 . 北京：生活·读书·新知三联书店，2016.

姚诗煌 . 科学与美 [M]. 沈阳：辽宁科学技术出版社，1984.

郁士宽 . 现代应用美学基础 [M]. 上海：同济大学出版社，2010.

谭荣，易前伟，吕超荣 . 大学生审美与艺术修养 [M]. 重庆：重庆大学出版社，2016.

杨辛 . 师道师说：杨辛卷 [M]. 北京：东方出版社，2017.

周忠厚 . 美学教程 [M]. 济南：齐鲁书社，1988.

彭吉象 . 艺术学概论 [M].5 版 . 北京：北京大学出版社，2019.

北京大学哲学系美学教研室 . 中国美学史资料选编：上册 [M]. 北京：中华书局，1980.

蔡元培 . 蔡元培美学文选 [M]. 北京：北京大学出版社，1983.

叶朗 . 美学原理 [M]. 北京：北京大学出版社，2009.

王朝闻，力群 . 齐白石研究 [M]. 上海：上海人民美术出版社，1959.

王玉萍 . 40 周同步胎教专家方案 [M]. 北京：中国妇女出版社，2016.

徐惟诚 . 徐惟诚文集：第 7 卷 [M]. 北京：商务印书馆，2015.

蔡元培 . 蔡元培教育论著选 [M]. 北京：人民教育出版社，2017.

栾锦秀 . 咬文嚼字读《论语》[M]. 北京：中国青年出版社，2011.

牛宏宝 . 美学概论 [M].3 版 . 北京：中国人民大学出版社，2012.

仇春霖 . 大学美育 [M].2 版 . 北京：高等教育出版社，2016.

孙荣春 . 大学美育 [M]. 修订版 . 徐州：中国矿业大学出版社，2011.

黄高才 . 大学美育 [M]. 北京：北京大学出版社，2018.

中共中央文献研究室 . 习近平关于社会主义文化建设论述摘编 [M]. 北京：中央文献出版社，2017.

钱冠连 . 美学语言学——语言美和言语美 [M]. 2 版 . 北京：高等教育出版社，2004.

杨会兰，贺万荣 . 现代礼仪教程 [M]. 2 版 . 北京：北京师范大学出版社，2019.

木菁 . 中国语言美 [M]. 乌鲁木齐：新疆美术摄影出版社，2015.

金正昆 . 现代礼仪 [M]. 北京：北京师范大学出版社，2008.

杨汪，王刚 . 礼仪培训师教程 [M]. 北京：人民交通出版社，2007.

王法安 . 共和国仪仗兵 [M]. 北京：新华出版社，1994.

杨会兰，贺万荣 . 现代礼仪教程 [M]. 2 版 . 北京：北京师范大学出版社，2019.

段卫红 . 服饰鉴赏 [M]. 北京：北京师范大学出版社，2012.

李江军，王梓羲 . 室内装饰风格手册 [M]. 北京：中国电力出版社，2019.

吴天篪（TC 吴）. 软装风格要素 [M]. 南京：江苏凤凰科学技术出版社，2016.

张永和 . 绘本非常建筑 [M]. 上海：同济大学出版社，2014.

何其芳 . 关于写诗和读诗 [M]. 北京：作家出版社，1956.

袁行霈 . 中国诗歌艺术研究 [M]. 北京：北京大学出版社，1996.

王国维 . 人间词话 [M]. 彭玉平，译注 . 北京：中华书局，2016.

朱光潜 . 诗论 [M]. 北京：生活·读书·新知三联书店，2012.

福斯特 . 小说面面观 [M]. 冯涛，译 . 上海：上海译文出版社，2016.

汪曾祺 . 受戒 [M]. 成都：四川人民出版社，2019.

王文生 . 中国美学史：情味论的历史发展 [M]. 上海：上海文艺出版社，2008.

何文焕 . 历代诗话 [M]. 北京：中华书局，1981.

徐迟 . 笔谈散文 [M]. 天津：百花文艺出版社，1980.

上海书画出版社，华东师范大学古籍整理研究室 . 历代书法论文选 [M]. 上海：上海书画出版社，1979.

崔尔平 . 历代书法论文选续编 [M]. 上海：上海书画出版社，1993.

倪文东 . 书法概论 [M]. 北京：北京师范大学出版社，2014.

刘涛 . 极简中国书法史 [M]. 北京：人民美术出版社，2014.

张建华，陈文国，王伟生，等 . 中国画 [M]. 沈阳：辽宁美术出版社，2014.

魏为 . 线描艺术教程 [M]. 北京：高等教育出版社，2003.

李建强，张扬 . 风景色彩写生 [M]. 石家庄：河北美术出版社，2013.

李跃，李凌鹏，张爱民 . 色彩 [M]. 武汉：湖北美术出版社，2006.

洪居元 . 漆兮：漆艺艺术之美 [M]. 济南：山东大学出版社，2013.

潘谷西 . 中国建筑史 [M].7 版 . 北京：中国建筑工业出版社，2015.

陈志华.外国建筑史 [M].4 版.北京：中国建筑工业出版社，2004.

罗小未.外国近现代建筑史 [M].北京：中国建筑工业出版社，2004.

曹纬浚.设计前期与建筑设计（知识）[M].15 版.北京：中国建筑工业出版社，2019.

张文忠.公共建筑设计原理 [M].4 版.北京：中国建筑工业出版社，2008.

彭一刚.建筑空间组合论 [M].3 版. 北京：中国建筑工业出版社，2008.

钟华，袁文迪，李萍.音乐鉴赏 [M].北京：北京邮电大学出版社，2014.

付胜利，李勇蕾.音乐鉴赏 [M].北京：机械工业出版社，2017.

李中会.音乐鉴赏 [M].北京：北京师范大学出版社，2009.

谭君.音乐鉴赏 [M].北京：科学出版社，2008.

余丹红.大学音乐鉴赏 [M].上海：华东师范大学出版社，上海音乐学院出版社，2007.

杨建.音乐鉴赏 [M].郑州：河南科学技术出版社，2012.

王安国.音乐鉴赏 [M].重庆：西南师范大学出版社，2009.

朴永光.舞蹈文化概论 [M].北京：中央民族大学出版社，2018.

隆荫培，徐尔充.舞蹈艺术概论 [M].上海：上海音乐出版社，2009.

朱光潜.悲剧心理学 [M].北京：人民文学出版社，1983.

河竹登志夫.戏剧概论 [M].陈秋峰，杨国华，译.北京：中国戏剧出版社，1983.

斯坦尼斯拉夫斯基.演员的自我修养：第 2 卷 [M].林陵，史敏徒，译.北京：中国电影出版社，1959.

戴平.戏剧美学教程 [M].上海：上海书店出版社，2011.

陈国恩.中国现代话剧名作导赏 [M].武汉：长江文艺出版社，2004.

刘祯.戏曲欣赏 [M].上海：上海音乐出版社，2013.

张凯，张跃，唐宋元，邓涛.戏曲鉴赏 [M].重庆：西南师范大学出版社，2008.

汪曾祺.人间有戏 [M].太原：北岳文艺出版社，2020.

鲍鹏山.中国人的心灵 [M].北京：中国青年出版社，2019.

巴拉兹.电影美学 [M].何力，译.北京：中国电影出版社，1982.

贾内梯.认识电影 [M].14 版.焦雄屏，译.杭州：浙江文艺出版社，2021.

傅正义.影视剪辑编辑艺术 [M].修订版.北京：中国传媒大学出版社，2009.

王振昆，谢文庆.语言美在社会生活中的作用 [J].语文研究，1981（2）.

徐家祯.谈谈语言的纯洁性——提倡语言美的我见之二 [J].汉语学习，1986（2）.

萧云儒.形可散，神不可散——关于《形散神不散》的一些话 [J].河北学刊，1988（1）.

刘芝芬.言语交际与语言美 [J].辽宁教育学院学报，1998（2）.

喻大翔.论散文的内涵与类型 [J].海南师范学院学报（人文社会科学版），2002（4）.

杨铭铎.饮食美的形态之二：味美 [J].餐饮世界，2007（10）.

杨铭铎.饮食美的形态之三：触美 [J].餐饮世界，2007（11）.

杨铭铎.饮食美的形态之四：嗅美 [J].餐饮世界，2007（12）.

杨铭铎.饮食美的形态之五：色美 [J].餐饮世界，2008（1）.

杨铭铎，邵雯.饮食美的形态之六：形美 [J].餐饮世界，2008（3）.

杨铭铎，邵雯.饮食美的形态之八：境美 [J].餐饮世界，2008（5）.

杨铭铎，邵雯.饮食美的形态之九：序美 [J].餐饮世界，2008（6）.

杨铭铎，邵雯.饮食美的形态之十：趣美 [J].餐饮世界，2008（7）.

杨铭铎.饮食美形态及其功效研究 [J].哈尔滨商业大学学报（社会科学版），2008（5）.

张璇.简论佤族舞蹈的审美 [J].中央民族大学学报（哲学社会科学版），2015（A1）.